सम्राट अकबर

मिताली श्रीवास्तव

टू साइन

प्रकाशक : टू साइन पब्लिशिंग हाउस

पता : SY.N0.21/2 & 21/3, सोननहल्ली,

कृष्णराजपुरा, बेंगलुरु, कर्नाटक - 560049 भारत

ईमेल : truesignbooks@gmail.com

वेबसाइट : www.truesign.in

© प्रकाशकाधीन

सम्राट अकबर

लेखिका: मिताली श्रीवास्तव

ISBN:978-93-5584-622-8

संस्करण: 2023

विषय सूची

1

भारतीय इतिहास में अकबर को मुग़ल साम्राज्य का सबसे महान सम्राट माना जाता है। अगर कीर्ति और लोकप्रियता की दृष्टि से देखा जाये तो भारत के राजनैतिक इतिहास में केवल एक ही सम्राट ऐसा हुआ है जिसकी तुलना अकबर से की जा सकती है और वह मौर्य वंश का महान शासक सम्राट अशोक था।

मुग़ल शासनकाल में जितने भी राजा महाराजा हुए उन सबमें अकबर सबसे अलग, प्रभावशाली और शक्तिशाली राजा था। अकबर एक बहुत ही बहादुर और शांतिप्रिय राजा था। उसकी सबसे खास बात यह है कि उसने बचपन से राज्य चलाने का काम किया था।

अकबर तीसरा मुग़ल सम्राट था, जो कि महज 13 साल की छोटी सी उम्र में मुग़ल राजवंश के सिंहासन पर बैठ गया था और उसने अपने मुग़ल साम्राज्य का न सिर्फ़ काफ़ी विस्तार किया बल्कि हिन्दू-मुस्लिम एकता पर बल देने के लिए कई नीतियां भी बनाई।

अपने शासनकाल में शांतिपूर्ण माहौल स्थापित किया एवं कराधान प्रणाली को फिर से संगठित किया। उन्हें अकबर-ए-आज़म शहंशाह अकबर के नाम से भी जाना जाता था।

अकबर खुद अनपढ़ होने के बाद भी शिक्षा को सबसे ज़्यादा महत्व देते थे। लेकिन वे एक बुद्धिमान और ज्ञानी शासक थे, जिन्हें लगभग सभी विषयों में असाधारण ज्ञान प्राप्त था। इसीलिए उसके शासन काल में कला, साहित्य, शिल्प कला का काफ़ी विकास हुआ था।

अकबर ने अपने शासनकाल में सभी धर्मों का सम्मान किया तथा सभी जाति-वर्गों के लोगों को एक समान माना और उनसे मित्रता के सम्बन्ध स्थापित किए थे। जलालुद्दीन मुहम्मद अकबर को इसलिए अकबर महान के नाम से भी जाना जाता था। अकबर ने अपने राज्य में सभी के लिए विशेष रूप से महिलाओं के लिए शिक्षा पर ज़्यादा ध्यान दिया था। उनके द्वारा किए गए नेक कामों की वजह से उन्हें अकबर महान कहकर भी बुलाया जाता था।

अकबर सभी धर्मों को आदर-सम्मान देने वाले महान योद्धा थे, कई अलग-अलग धर्मों के तत्वों को इकट्ठा कर अकबर ने नया संप्रदाय दीन-ए-इलाही की स्थापना की थी। उनकी पहचान सभी मुग़ल शासकों में एकदम अलग थी।

अकबर हमारे देश के इतिहास के पन्नों में दर्ज एक प्रसिद्ध नाम है जिसे देश का हर बच्चा जानता है। लेकिन कुछ लोगों को अकबर के इतिहास के बारे में अधूरी जानकारी है इसलिए यह लेख हम इसी अधूरी जानकारी को पूरा करने के लिए लाए हैं। आज इस लेख में हम अकबर के संपूर्ण इतिहास के बारे में जानेंगे। आइए जानते है, मुग़ल वंश के शासक सम्राट अकबर की जीवनी के बारे में।

2

अकबर तीसरा मुग़ल राजपूत शासक
(सन् 1542 ई.- सन् 1605 ई.)

जलालुद्दीन मुहम्मद अकबर (सन् 15 अक्टूबर, 1542- 27 अक्टूबर, 1605 ई.) तैमूरी वंशावली के मुग़ल वंश का तीसरा शासक था। सम्राट अकबर मुग़ल साम्राज्य के संस्थापक ज़हीरुद्दीन मुहम्मद बाबर का पौत्र और मुग़ल शासक नासिरुद्दीन हुमायूं के बेटे थे, जिन्होंने पहले से ही मुग़ल साम्राज्य का भारत में विस्तार कर रखा था।

अकबर के शासन के अंत तक सन् 1605 ई.में मुग़ल साम्राज्य में उत्तरी और मध्य भारत के अधिकांश भाग सम्मिलित थे और उस समय के सर्वाधिक शक्तिशाली साम्राज्यों में से एक था।

अकबर भारत के इतिहास के महान शासकों में से एक हैं जिन्होंने दिल्ली सल्तनत पर शासन किया। बादशाहों में अकबर ही एक ऐसा बादशाह था, जिसे हिन्दू-मुस्लिम दोनों ही धर्म के लोगों से बराबर प्यार और सम्मान मिला।

अकबर ने हिन्दू-मुस्लिम संप्रदायों के बीच की दूरियां कम करने के लिए दीन-ए-इलाही नामक धर्म की स्थापना की। अकबर का दरबार सबके लिए हर समय खुला रहता था। उसके दरबार में मुस्लिम सरदारों की अपेक्षा हिन्दू सरदार अधिक थे।

अकबर ने हिन्दुओं पर लगने वाला जज़िया ही नहीं समाप्त किया, बल्कि ऐसे अनेक कार्य किए जिनके कारण हिन्दू और मुस्लिम दोनों उनके प्रशंसक बने।

अकबर मात्र तेरह वर्ष की आयु में अपने पिता नसीरुद्दीन मुहम्मद हुमायूं की मृत्यु उपरांत दिल्ली की राजगद्दी पर बैठा था।

अकबर ने अपने शासन काल में शक्तिशाली पश्तून वंशज शेरशाह सूरी के आक्रमण बिल्कुल बंद करवा दिये थे, साथ ही पानीपत के द्वितीय युद्ध में नवघोषित हिन्दू राजा हेमू को पराजित किया था।

अपने साम्राज्य के गठन और उत्तरी-मध्य भारत के सभी क्षेत्रों पर एकछत्र अधिकार स्थापित करने में अकबर को दो दशक लग गए थे।

उनका प्रभाव लगभग पूरे भारतीय उपमहाद्वीप पर था और इस क्षेत्र के एक बड़े भू-भाग पर सम्राट के रूप में उन्होंने शासन किया।

सम्राट के रूप में अकबर ने शक्तिशाली और बहुत सारे हिन्दू राजपूत राजाओं से राजनैतिक संबंध बनाए और उनके यहाँ विवाह भी किए।

अकबर के शासन का प्रभाव देश की कला एवं संस्कृति पर भी पड़ा। उसने चित्रकारी आदि ललित कलाओं में काफ़ी रुचि दिखाई और उसके प्रासाद की भित्तियां सुंदर चित्रों व नमूनों से भरी पड़ी थीं।

अकबर ने मुग़ल चित्रकला का विकास करने के साथ ही साथ यूरोपीय शैली का भी स्वागत किया। अकबर को साहित्य में भी विशेष रुचि थी।

अकबर ने अनेक संस्कृत पाण्डुलिपियों व ग्रन्थों का फारसी में तथा फारसी ग्रन्थों का संस्कृत व हिन्दी में अनुवाद भी करवाया था। अनेक फारसी संस्कृति से जुड़े चित्रों को अपने दरबार की दीवारों पर भी बनवाया।

अपने आरम्भिक शासन काल में अकबर की हिन्दुओं के प्रति सहिष्णुता नहीं थी, किन्तु समय के साथ-साथ उसने अपने आप को बदला और हिन्दुओं सहित अन्य धर्मों में बहुत रुचि दिखायी। अकबर ने हिन्दू राजपूत राजकुमारियों से वैवाहिक संबंध भी बनाए। अकबर के दरबार में अनेक हिन्दू दरबारी, सैन्य अधिकारी व सामन्त थे।

अकबर ने धार्मिक चर्चाओं व वाद-विवाद कार्यक्रमों की अनोखी श्रृंखला आरम्भ की थी, जिसमें मुस्लिम आलिम लोगों की जैन, सिख, हिन्दू, चार्वाक, नास्तिक, यहूदी, पुर्तगाली एवं कैथोलिक ईसाई धर्म की स्त्रियों से चर्चाएं हुआ करती थीं।

अकबर के मन में इन धार्मिक नेताओं के प्रति आदर भाव था, जिस पर उसकी निजी धार्मिक भावनाओं का किंचित भी प्रभाव नहीं पड़ता था।

अकबर ने आगे चलकर एक नये धर्म दीन-ए-इलाही की भी स्थापना की, जिसमें विश्व के सभी प्रधान धर्मों की नीतियों व शिक्षाओं का समावेश था। दुर्भाग्य से यह धर्म अकबर की मृत्यु के साथ ही समाप्त होता चला गया।

इतने बड़े सम्राट की मृत्यु होने पर उसका अंतिम संस्कार बिना किसी रस्म-रिवाज के जल्दी ही कर दिया गया। परम्परानुसार दुर्ग में दीवार तोड़कर एक मार्ग बनवाया गया था तथा उसका शव चुपचाप सिकंदरा के मकबरे में दफना दिया गया।

अकबर का संक्षिप्त जीवन परिचय

पूरा नाम	:	जलालुद्दीन मुहम्मद अकबर।
जन्म	:	15 अक्टूबर सन् 1542 ई.(लगभग)।
जन्म	:	भूमिः उमेरकोट, सिंध (पाकिस्तान)।
मृत्यु तिथि	:	27 अक्टूबर, सन् 1605 ई.(उम्र 63 वर्ष)।
मृत्यु स्थान	:	फ़तेहपुर सीकरी, आगरा।
पिता	:	हुमायूं।
माता	:	हमीदा बानो बेगम।
पत्नी	:	रुक़ाइय्या बेगम, सलीमा सुल्तान बेगम और मरियमउज़-ज़मानि (हरका बाई) उर्फ जोधा बाई, हीर कुँवारी इत्यादि।
संतान	:	जहाँगीर, दानियाल, सुल्तान मुराद मिर्जा, हसन, हुसैन के अलावा 7 बेटियाँ।
शासन काल	:	27 जनवरी, सन् 1556 से 27 अक्टूबर, सन् 1605 ई.तक।
राज्याभिषेक	:	16 फरवरी, सन् 1556 कलानौर के पास गुरदासपुर।
प्रमुख युद्ध	:	पानीपत, हल्दीघाटी।
राजधानी	:	फ़तेहपुर सीकरी आगरा, दिल्ली (पूर्व)।
पूर्वाधिकारी	:	हुमायूं।
उत्तराधिकारी	:	जहाँगीर।
राजघराना	:	मुग़ल।
मकबरा	:	सिकन्दरा, आगरा।

3

अकबर का बचपन, परिवार, आरंभिक जीवन, पिता हुमायूं की मृत्यु एवं अकबर का राजतिलक
(सन् 1542 ई.- सन् 1556 ई.)

अकबर का जन्म पूर्णिमा के दिन हुआ था इसलिए उनका नाम बदरुद्दीन मुहम्मद अकबर रखा गया था। बद्र का अर्थ होता है 'पूर्ण चंद्रमा' और 'अकबर' उनके नाना शेख अली अकबर जामी के नाम से लिया गया था। कहा जाता है कि काबुल पर विजय मिलने के बाद उनके पिता हुमायूं ने बुरी नज़र से बचने के लिए अकबर की जन्म तिथि एवं नाम बदल दिए थे। किंवदन्ती यह भी है कि भारत की जनता ने उनके सफल एवं कुशल शासन के लिए उन्हें अकबर नाम से सम्मानित किया था।

अरबी भाषा में अकबर शब्द का अर्थ "महान" या बड़ा होता है।अकबर को अकबर-ए-आज़म अर्थात अकबर महान, शहंशाह अकबर, या महाबली शहंशाह के नाम से भी जाना जाता है।

अकबर का जन्म-स्थान व परिवार

जलालुद्दीन मुहम्मद अकबर का जन्म 15 अक्टूबर, सन् 1542 ई.को राजपूत शासक राणा अमरसाल के महल उमेरकोट, सिंध (वर्तमान पाकिस्तान) में 23 नवंबर, सन् 1542 ई.(हिजरी अनुसार रज्जब, 949 के चौथे दिन) हुआ था।

सन् 1539-40 ई.में चौसा और कन्नौज में होने वाले शेरशाह सूरी से युद्ध में पराजित होने के बाद हुमायूं की शादी हमीदा बानो बेगम के साथ हुई। हमीदा बानो बेगम मुग़ल बादशाह अकबर की माँ और हुमायूं की प्रमुख पत्नी थीं।

बाबर का वंश तैमूर और मंगोल नेता चंगेज खां से सम्बन्धित था अर्थात उनके वंशज तैमूर लंग के खानदान से थे और मातृपक्ष का संबंध चंगेज खां से था। इस प्रकार अकबर की धमनियों में एशिया की दो प्रसिद्ध जातियों, तुर्क और मंगोल के रक्त का सम्मिश्रण था।

हमीदा बानो बेगम का जन्म सन् 1527 ई.में हुआ था। उनके पिता का नाम शेख अली अकबर जामी था और उनकी माँ का नाम फिरोज बेगम था। हमीदा बानो बेगम एक सिया खानदान से ताल्लुक रखती थीं। बता दें कि हमीदा बानो के पिता मुग़ल राजकुमार हिन्दाल मिर्ज़ा के उपदेशक थे।

जलालुद्दीन अकबर जो साधारणत: अकबर और फिर बाद में अकबर महान के नाम से जाना जाता था। वह भारत के तीसरे और मुग़लों के पहले सम्राट थे। वे सन् 1556 ई.से लेकर उनकी मृत्यु तक मुग़ल साम्राज्य के शासक थे।

अपने पिता की गंभीर अवस्था के दौरान सम्राट अकबर ने धीरे-धीरे मुग़ल साम्राज्य की सीमा को बढ़ाना शुरू किया, जिसमें लगभग सभी भारतीय उपमहाद्वीप भी शामिल थे।

अकबर, बाबर और हुमायूं के बाद मुग़ल सम्राट के तीसरे सम्राट के रूप में उभर के सामने आए। अकबर ने साम्राज्य की एकता बनाए रखने के लिए ऐसी नीतियां अपनाई, जिससे गैर मुसलमानों की राजभक्ति जीती जा सके।

अकबर मुग़ल राजवंश के सबसे महान सम्राटों में से एक थे और उन्होंने कला और संस्कृति के विकास, संरक्षण और विस्तार में महत्त्वपूर्ण योगदान दिया। वे साहित्य के बहुत शौक़ीन थे और उन्होंने कई भाषाओं एवं साहित्य का समर्थन किया। इस प्रकार अकबर ने अपने शासनकाल के दौरान एक बहुसांस्कृतिक समाज की नींव रखी थी।

अकबर का बचपन

अकबर के जन्म के समय बादशाह हुमायूं अपनी हाल की विवाहिता बेगम हमीदा बानो बेगम के साथ राजपूत शासक राणा अमरसाल के महल उमेरकोट, सिंध (वर्तमान पाकिस्तान) में उन्हीं के किले में शरण लिए हुए थे। इस पुत्र का नाम हुमायूं ने एक बार स्वप्न में सुनाई दिये नाम के अनुसार जलालुद्दीन मुहम्मद रखा।

सन् 1540 ई.में मुग़ल सम्राट हुमायूं चौसा और कन्नौज के युद्ध में शेरशाह सूरी से पराजित हो गया था। फिर सिंध की तरफ कूच करते हुए उन्होंने अपने छोटे भाई हिन्दाल मिर्ज़ा के अध्यापक शैख़ अली अकबर जामी की **14 वर्ष** की बेटी हमीदा बानो बेगम से निकाह कर लिया।

हमीदा ने **15 वर्ष** की उम्र में ही सिंध प्रांत में जलालुद्दीन मुहम्मद अकबर को जन्म दिया। हुमायूं के निर्वासन के दौरान अकबर को काबुल लाया गया और उसके चाचाओं ने उसकी परवरिश की।

अकबर का आरंभिक जीवन

अकबर के जन्म के समय उसका पिता हुमायूं एक पश्तून नेता शेरशाह सूरी के डर से फारस में एक राजपूत राजा के यहाँ शरण लिए हुए था।

हुमायूं लगातार अपनी स्थिति बदलते रहने के कारण फारस में अज्ञातवास के समय अकबर को वह अपने संग नहीं ले गया वरन रीवां (वर्तमान मध्य प्रदेश) के राज्य के एक ग्राम मुकुंदपुर में छोड़ गया।

अकबर की वहाँ के राजकुमार राम सिंह प्रथम के संग गहरी मित्रता हो गई थी, जो आगे चलकर रीवां का राजा बना। ये एक साथ ही पले-बढ़े और आजीवन मित्र रहे।

पहले अकबर कुछ दिनों कंधार में और फिर बाद में **सन् 1545 ई.से** काबुल में रहे। अब एक लम्बे समय के बाद, अकबर अपने पूरे परिवार के साथ काबुल स्थापित हुए। कालांतर में

सफ़ावी साम्राज्य (वर्तमान में अफ़ग़ानिस्तान) में रहने लगे जहाँ उनके चाचा कामरान मिर्ज़ा और अस्करी मिर्ज़ा रहते थे।

उन्होंने अपना बचपन युद्ध कला सीखने में व्यतीत किया जिसने उसे एक शक्तिशाली, निडर और बहादुर योद्धा बनाया। हुमायूं की अपने छोटे भाइयों से बराबर ठनी ही रही इसलिए चाचा लोगों के यहाँ अकबर की स्थिति बहुत अच्छी नहीं थी फिर भी सभी उसके साथ अच्छा व्यवहार करते थे और शायद दुलार प्यार कुछ ज़्यादा ही होता था।

उन्होंने अपना बचपन शिकार और युद्ध कला में बिताया। अकबर कभी भी पढ़ लिख नहीं सका था क्योंकि अकबर का मन पढ़ाई-लिखाई में बिल्कुल नहीं लगता था। वह केवल सैन्य शिक्षा ले सका। उनका काफ़ी समय आखेट, दौड़, द्वन्द्व, कुश्ती आदि में बीतता था लेकिन अकबर ने पढ़ना-लिखना कभी नही सिखा।

सन् 1551 ई.के नवम्बर में अकबर ने अपने चाचा हिन्दाल मिर्ज़ा की इकलौती बेटी रुकैया सुल्तान बेगम से काबुल में निकाह कर लिया। रुकैया अकबर की पहली और मुख्य पत्नियों में से एक थी। निकाह के कुछ समय बाद ही हिन्दाल मिर्ज़ा की युद्ध के दौरान मौत हो गई। हिन्दाल मिर्ज़ा की मृत्यु के बाद हुमायूं ने उनकी जगह ले ली और हुमायूं ने दिल्ली को **सन् 1555 ई.**में पुनस्थापित किया। हुमायूं ने वहाँ एक विशाल सेना का निर्माण किया।

अकबर जब आठ वर्ष का हुआ जन्म से लेकर अब तक उसके सभी वर्ष भारी अस्थिरता में निकले थे जिसके कारण उनकी शिक्षा-दीक्षा का सही प्रबंध नहीं हो पाया था। बाद में जब हुमायूं का ध्यान इस ओर गया तब उसने अकबर की शिक्षा प्रारंभ करने के लिए काबुल में एक आयोजन किया। किंतु ऐन मौके पर अकबर के खो जाने पर वह समारोह दूसरे दिन सम्पन्न हुआ।

अकबर की शिक्षा में बिलकुल भी रुचि नहीं रही थी फिर भी हुमायूं ने अकबर के शिक्षा के लिए बहुत प्रबंध किए। हुमायूं ने मुल्ला असमुद्दीन अब्राहिम को अकबर का शिक्षक नियुक्त किया। मगर मुल्ला असमुद्दीन असफल सिद्ध हुए। तब यह कार्य हुमायूं ने मौलाना बामजीद को सौंपा मगर जब उनको भी सफलता नहीं मिली तो मौलाना अब्दुल कादिर को यह काम सौंपा गया। मगर कोई भी शिक्षक अकबर को शिक्षित करने में सफल न हुआ। असल में पढ़ने-लिखने में अकबर की रुचि ही नहीं थी, उसकी रुचि कबूतरबाजी, घुड़सवारी और कुत्ते पालने में अधिक थी।

किंतु उनको ज्ञानवर्धक कहानियां सुनना बहुत पसंद था, कहा जाता है कि जब वह सोने जाते थे तब एक व्यक्ति उन्हें कुछ पढ़ कर सुनाता रहता था। धीरे-धीरे समय के साथ अकबर एक परिपक्व और समझदार शासक के रूप में उभरा, जिसे कला, स्थापत्य, संगीत और साहित्य में गहरी रुचि रही।

हुमायूं ने **सन् 1555 ई.**में शेरशाह सूरी के बेटे इस्लाम शाह को पराजित कर दिल्ली पर कब्ज़ा कर लिया। इसके कुछ समय बाद ही हुमायूं की मृत्यु हो गई। हुमायूं के गुजरने के बाद अकबर ने बैरम खान की मदद से राज्य का शासन चलाया क्योंकि उस वक्त अकबर काफ़ी छोटे थे। उन्होंने बैरम खान की सहायता से पूरे भारत में हुकूमत की।

अकबर के अभिभावक बैरम खान ने **13 वर्ष** की उम्र में ही **14 फरवरी, सन् 1556 ई.**में अकबर को दिल्ली की राजगद्दी पर बिठा दिया। बैरम खान ने उसके वयस्क होने तक राज-पाट सम्भाला और अकबर को शहंशाह का ख़िताब दिया।

अकबर के पिता हुमायूं की मृत्यु

हुमायूं तख्त और राज-पाट का सुख ज़्यादा दिन नहीं भोग सका था। **27 जनवरी, सन् 1556 ई.**को दिल्ली के किले दीन-पनाह के शेर मंडल नामक पुस्तकालय की सीढ़ी से गिरकर हुमायूं की मृत्यु हो गई। हुमायूं को दिल्ली में ही दफनाया गया। दिल्ली में यमुना नदी के किनारे **सन् 1535 ई.**में हुमायूं ने ही दीन-पनाह नामक नए शहर की स्थापना की थी।

हुमायूं की मृत्यु के बाद **सन् 1556 ई.**में उसका बेटा अकबर मुग़ल साम्राज्य का सम्राट बना। हुमायूं की मृत्यु को लेकर कई तरह के तथ्य और कहानियां हैं। हिंदुस्तान टाइम्स में छपे एक लेख में कहा गया है कि **27 जनवरी, सन् 1556 ई.**की बात है जब मुग़ल शासक हुमायूं ने अजान की आवाज सुनी तो वो सीढ़ियों से नीचे उतर रहे थे। इसी वक्त जल्दबाजी में उतरने के कारण हुमायूं का उनके जामे में पांव फंस गया। जामा एक काफ़ी बड़ा सा परिधान होता था, जो पहले मुग़ल शासक पहना करते थे। इससे वह सीढ़ियों से नीचे गिर गए और उसके बाद उनकी मौत हो गई। इसलिए कहा जाता है कि हुमायूं की मौत सीढ़ियों से गिरने की वजह से हुई थी।

बताया जाता है कि हुमायूं जिस वक्त सीढ़ियों से गिरे तो वो शेर मंडल में थे। शेर मंडल पुराना किला में बनी एक छोटी सी इमारत है, जो एक टावर की तरह है। यह भी लाल पत्थर से बनी है और इसे शेरशाह ने बनवाया था। हुमायूं इस इमारत का इस्तेमाल लाइब्रेरी के रूप में करता था। यह दो मंजिला इमारत आज भी दिल्ली में पुराना किला परिसर में है और जो एक टावर की तरह दिखती है ।

शेरशाह सूरी की मृत्यु के बाद उसके पुत्र इस्लाम शाह और सिकंदर शाह की अक्षमता का फायदा उठाकर हुमायूं ने **सन् 1555 ई.**में दिल्ली पर पुन: अधिकार कर लिया लेकिन इसके कुछ माह बाद ही **48 वर्ष** की आयु में ही हुमायूं का आकस्मिक निधन हो गया।

राजतिलक

शेरशाह सूरी के पुत्र इस्लाम शाह के उत्तराधिकार के विवादों से उत्पन्न अराजकता का लाभ उठा कर हुमायूं ने **सन् 1555 ई.**में दिल्ली पर पुन: अधिकार कर लिया।

इसमें उसकी सेना में एक अच्छा भाग फारसी सहयोगी तहमास्प प्रथम का रहा। इसके कुछ माह बाद ही **48 वर्ष** की आयु में ही हुमायूं का आकस्मिक निधन हो गया। हुमायूं की मृत्यु के बाद अकबर के संरक्षक बैरम खां ने साम्राज्य के हित में इस मृत्यु को कुछ समय के लिए छुपाये रखा और अकबर को उत्तराधिकार हेतु तैयार किया।

सारी तैयारियां करने के बाद **14 फ़रवरी, सन् 1556 ई.** को अकबर का राजतिलक कर दिया गया। यह सब मुग़ल साम्राज्य द्वारा दिल्ली की गद्दी पर अधिकार की वापसी के लिए सिकंदर शाह सूरी से चल रहे युद्ध के दौरान ही हुआ।

13 वर्षीय अकबर का पंजाब में गुरदासपुर के कलानौर नामक स्थान पर, सुनहरे वस्त्र तथा एक गहरे रंग की पगड़ी में एक नवनिर्मित मंच पर राजतिलक हुआ। यह मंच आज भी बना हुआ है। उन्हें सम्राट के लिए फारसी भाषा में शब्द 'शहंशाह' कहकर पुकारा गया। वयस्क होने तक उनका राज्य बैरम खां के संरक्षण में ही चला।

इस प्रकार जब **16 फरवरी, सन् 1556 ई.** को अकबर राजा घोषित हुआ था उसको सत्ता की बागडोर मात्र 13 साल की उम्र में मिल गई थी।

उसके बाद **सन् 1605 ईसवी** में अपनी मृत्यु तक (**50 वर्षों तक**) उसने अपने लंबे शासनकाल में न केवल मुग़ल साम्राज्य को विस्तार और दृढ़ता प्रदान की वरन भारत को सामाजिक, धार्मिक, सांस्कृतिक और कलात्मक रूप से समृद्धि के शिखर पर पहुंचा दिया।

अकबर का पंजाब गमन और दिल्ली की सत्ता-बदल, पानीपत का दूसरा युद्ध, दिल्ली में सत्ता की वापसी एवं साम्राज्य विस्तार (सन् 1553 ई.- सन् 1556 ई.)

जब मुग़ल साम्राज्य स्थापित था तो अकबर के साम्राज्य में काबुल, कंधार, दिल्ली और पंजाब के कुछ हिस्से शामिल थे। उसी दौरान अफ़ग़ान के सुल्तान मुहम्मद आदिल शाह ने भारत के सिंहासन पर क़ब्ज़ा पाने और मुग़लों के खिलाफ युद्ध छेड़ने के लिए योजना बनाई थी ।

पंजाब जाते समय अकबर ने दिल्ली का शासन मुग़ल सेनापति तारदी बेग खान को सौंप दिया। सिकंदर शाह सूरी अकबर के लिए बहुत बड़ा प्रतिरोध साबित नहीं हुआ। कुछ प्रदेशों में तो अकबर के पहुँचने से पहले ही उसकी सेना पीछे हट जाती थी।

सन् 1556 ई.में हुमायूं की मृत्यु के तुरंत बाद हिंदू सम्राट हेमचंद्र विक्रमादित्य हेमू के सहयोग से दिल्ली पर अफ़ग़ान सेना ने क़ब्ज़ा कर लिया। अपमानजनक हार का सामना मुग़लों को करना पड़ा और वे जल्दी अपने सेनापति तारदी बेग के साथ भाग गए ।

अब अकबर की अनुपस्थिति में हेमू विक्रमादित्य ने दिल्ली और आगरा पर आक्रमण कर विजय प्राप्त की। हेमू **7 अक्टूबर, सन् 1556 ई.**में मुग़ल सिंहासन पर विराजमान हो गया। हेमू ने स्वयं को भारत का महाराजा घोषित कर दिया।

इसी के साथ 350 साल के मुस्लिम साम्राज्यवाद के बाद उत्तर-भारत में हिंदू शासन की स्थापना हुई। हिंदू शासन के कुछ समय बाद बैरम खान के निर्देश और नेतृत्व के तहत अकबर ने दिल्ली में सिंहासन पर अपने अधिकार को पुन: प्राप्त करने के इरादे के बारे में घोषणा की।

बैरम खान के निर्देश और नेतृत्व में अकबर ने पानीपत के युद्ध की तैयारी शुरू की। यह पानीपत का युद्ध अफ़ग़ानों और मुग़लों के बीच दिल्ली की सत्ता हासिल करने के लिए बहुत ही निर्णायक साबित हुआ। इसके बाद मुग़लों ने आने वाले **300 वर्षों** तक दिल्ली पर शासन की बागडोर अपने हाथों ले ली।

पानीपत का दूसरा युद्ध

पानीपत का द्वितीय युद्ध उत्तर-भारत के हेमचंद्र विक्रमादित्य(हेमू) और अकबर की सेना के बीच **5 नवम्बर, सन् 1556 ई.**को पानीपत के मैदान में लड़ा गया था। अकबर के सेनापति खान जमान और बैरम खाँ के लिए यह एक निर्णायक जीत थी।

इस युद्ध के फलस्वरूप दिल्ली पर वर्चस्व के लिए मुग़लों और अफ़्ग़ानों के बीच चलने वाला संघर्ष का निर्णय अन्तिम रूप से मुग़लों के पक्ष में हो गया और अगले तीन सौ वर्षों तक मुग़लों के पास ही रहा।

पृष्ठभूमि

24 जनवरी, सन् 1556 ई.में मुग़ल शासक हुमायूं का दिल्ली में निधन हो गया और उसके बेटे अकबर ने गद्दी संभाली। उस समय अकबर केवल 13 वर्ष का था। **14 फ़रवरी, सन् 1556 ई.**को पंजाब के कलानौर में उनका राज्याभिषेक हुआ।

इस समय मुग़ल शासन काबुल, कंधार, दिल्ली और पंजाब के कुछ हिस्सों तक ही सीमित था। अकबर अपने संरक्षक बैरम खान के साथ काबुल में कार्यरत था।

सन् 1556 ई.में दिल्ली की लड़ाई में अकबर की सेना को पराजित करने के बाद हेमू उत्तर-भारत का शासक बन गया था। इससे पहले हेमू ने अफ़्ग़ान शासक आदिल शाह की सेना के प्रधानमंत्री व मुख्यमंत्री के रूप में कार्य किया था।

हेमू रेवाड़ी(वर्तमान में हरियाणा में) का एक हिन्दू था। **सन् 1553-1556 ई.**के दौरान हेमू ने सेना के प्रधानमंत्री व मुख्यमंत्री के रूप में पंजाब से बंगाल तक 22 युद्ध जीते थे। जनवरी **सन् 1556 ई.**में हुमायूं की मौत के समय हेमू बंगाल में था जहाँ एक युद्ध में बंगाल के शासक मुहम्मद शाह को मार कर विद्रोह पर उसने काबू पा लिया था।

जब उन्होंने हुमायूं की मौत के बारे में सुना तो उन्होंने अपने सेना नायकों को अपने लिए दिल्ली के सिंहासन पर क़ब्ज़ा करने का आदेश दिया। उन्होंने खुला विद्रोह कर दिया और सम्पूर्ण उत्तरी-भारत में कई युद्ध जीतते हुए उन्होंने आगरा पर हमला किया।

अकबर का सेनानायक वहाँ से युद्ध किए बिना ही भाग खड़ा हुआ। हेमू का इटावा, कालपी और आगरा प्रांतों पर नियंत्रण हो गया। ग्वालियर में हेमू ने और सैनिकों की भर्ती द्वारा अपनी सेना मजबूत कर ली। हेमू ने दिल्ली (तुगलकाबाद के पास) की लड़ाई में **6 अक्टूबर** को मुग़ल सेना को हरा दिया।

लगभग 3000 मुग़लों को मार डाला। मुग़ल सेनापति बेग दिल्ली को हेमू के कब्जे में छोड़ बचे-खुचे सैनिकों के साथ भाग गया। अगले दिन दिल्ली के पुराना किला में हेमू का राज्याभिषेक किया गया। हालाँकि वह भी कुछ ही दिन का मेहमान साबित हुआ।

अकबरनामा में अबुल फ़ज़ल के अनुसार हेमू काबुल पर हमले के लिए तैयारी कर रहा था और उसने अपनी सेना में कई बदलाव किए।

युद्ध

अकबर की सेना ने **5 नवंबर, सन् 1556 ई.**को हेमू की सेना का सामना किया। अकबर की सेना हेमू की सेना की तुलना में काफ़ी कम पड़ रही थी। हेमू की सेना में 30,000 घुड़सवार

और 1500 हाथी थे, उन्हें हिंदू मूल के शासकों और अफ़ग़ान शासकों का भी समर्थन था।

दिल्ली और आगरा के पतन से कलानौर में मुग़ल परेशान हो उठे। कई मुग़ल जनरलों ने अकबर को हेमू की विशाल सेना को चुनौती देने के बजाय काबुल की तरफ पीछे हटने की सलाह दी। लेकिन बैरम खान ने युद्ध के पक्ष में फैसला किया। अकबर की सेना ने दिल्ली की ओर कूच किया।

5 नवम्बर, सन् 1556 ई.को हुए ऐतिहासिक युद्ध के लिए उसी पानीपत के मैदान में दोनों सेनाओं का सामना हुआ जहाँ तीस साल पहले अकबर के दादा बाबर ने पानीपत की पहली लड़ाई में इब्राहिम लोदी को हराया था। एच. जी. कीन के अनुसार -"अकबर और उसके अभिभावक बैरम खान ने लड़ाई में भाग नहीं लिया और युद्ध क्षेत्र से 5 कोस (8 मील) दूर तैनात थे।

बैरम खान 13 साल के अल्पवय राजा के युद्ध के मैदान पर उपस्थित होने के पक्ष में नहीं था। नौजवान अकबर को युद्ध स्थल से कुछ दूरी पर उनकी सेना द्वारा सुरक्षित रखा गया था। इस प्रकार उसे 5000 सुप्रशिक्षित और सबसे वफ़ादार सैनिकों की एक विशेष टुकड़ी के साथ लड़ाई के इलाके से सुरक्षित दूरी पर तैनात किया गया था।

अकबर को बैरम खान द्वारा निर्देश दिया गया था युद्ध के मैदान में यदि मुग़ल सेना हार जाए तो वह काबुल की ओर पलायन कर जाए। हेमू ने अपनी सेना का नेतृत्व स्वयं किया। हेमू की सेना 1500 युद्ध हाथियों और उत्कृष्ट तोपों से सुसज्जित थी।

हेमू की पिछली सफलता ने उसके गर्व और घमंड में वृद्धि कर दी थी और वह 30,000 की सुप्रशिक्षित राजपूत और अफ़ग़ान अश्वारोही सेना के साथ आक्रामक ढंग से आगे बढ़ा।

युद्ध का परिणाम

युद्ध के शुरुआत में हेमू की सेना एक मजबूत स्थिति में थी लेकिन बैरम खान और एक अन्य सेनापति अल्वी कुली खान द्वारा रणनीति बनाकर आक्रमण का सामना करने से युद्ध में अचानक बदलाव आ गया और दुश्मन की सेना पर काबू पा लिया गया। हेमू की सेना की बड़ी संख्या के बावजूद अकबर की सेना ने लड़ाई जीत ली।

दुर्भाग्य से मुग़ल सेना का तीर हेमू की आंखों में जा लगा और उसका हाथी चालक अपने राजा को लेकर युद्ध के मैदान से दूर जाने लगा। मुग़ल सेना ने उनका पीछा किया और हेमू को पकड़ कर गिरफ्तार कर लिया। इसी वजह से हेमू की विजय पराजय में बदल गई और उसे अकबर के सामने ले जाया गया।

बैरम खान ने अकबर से कहा कि हेमू का वध कर उपाधि प्राप्त कर लीजिए परंतु अकबर ने ऐसा करने से मना कर दिया। अकबर ने कहा कि वह अपने शत्रु के साथ ऐसा व्यवहार नहीं कर सकता है परंतु बैरम खान ने अपनी तलवार से हेमू का वध कर डाला।

कहा जाता है कि हेमू का कटा हुआ सिर काबुल के दिल्ली दरवाजा पर प्रदर्शन के लिए भेजा गया था। उसका धड़ दिल्ली के पुराना किला के बाहर फांसी पर लटका दिया गया था ताकि लोगों के दिलों में डर पैदा हो। पानीपत के इस ऐतिहासिक युद्ध में मुग़लों को 1500 हाथी तथा बहुत बड़ी मात्रा में सोना-चांदी और धन मिला।

हेमू की पत्नी ख़ज़ाने के साथ पुराना किला से भाग निकली और उसका कभी पता नहीं चला। बैरम खान ने विरोधियों की सामूहिक हत्या करने का आदेश दिया जो कई वर्षों तक जारी रहा। हेमू के रिश्तेदारों और करीबी अफ़ग़ान समर्थकों को पकड़ लिया गया और उनमें से कईयों को मौत की सजा दी गई।

कई स्थानों पर उनके कटे हुए सिरों से मीनारें भी बनवाई गईं। हेमू का 82 वर्षीय पिता, जो अलवर भाग गया था, उसे छह महीने के बाद पकड़ लिया गया और मौत की सजा दे दी गई। अकबर ने ज़्यादा प्रतिरोध के बिना आगरा और दिल्ली पर पुन: क़ब्ज़ा कर लिया।

इसके तुरंत बाद उसे सिकंदर शाह सूरी (आदिल शाह सूरी के भाई) के आक्रमण का मुकाबला करने के लिए पंजाब को लौटना पड़ा। इस युद्ध में मुग़ल सेना ने मनकोट के किले की घेराबंदी के बाद सिकंदर शाह को हराकर बंदी बना लिया और देश निकाला देकर बंगाल भेज दिया।

सन् 1556 ई.में पानीपत में अकबर की जीत भारत में मुग़ल सत्ता की वास्तविक बहाली थी। बंगाल तक का सारा क्षेत्र जो हेमू के कब्जे में था, उस पर क़ब्ज़ा करने के लिए अकबर को आठ साल लगे। इस तरह दिल्ली, आगरा तथा उसके निकटवर्ती क्षेत्रों पर मुग़ल शासन का राज्य स्थापित हो गया।

दिल्ली में सत्ता की वापसी

अकबर को जब दिल्ली की पराजय का समाचार मिला तो उसने तुरन्त ही बैरम खान से परामर्श लेकर दिल्ली की तरफ कूच करने का इरादा बना लिया।

अकबर के सलाहकारों ने उसे काबुल की शरण में जाने की सलाह दी। अकबर और हेमू की सेना के बीच पानीपत में युद्ध हुआ। यह युद्ध 'पानीपत का द्वितीय युद्ध' नाम से प्रसिद्ध है।

संख्या में कम होते हुए भी अकबर की सेना ने इस युद्ध में विजय प्राप्त की। डॉ. आर.पी. त्रिपाठी ने पानीपत के द्वितीय युद्ध के परिणाम के बारे में लिखा है कि हेमू की पराजय एक दुर्घटना थी जबकि अकबर की विजय एक दैवीय-संयोग था।

इस विजय से अकबर को 1500 हाथी मिले जो मनकोट के हमले में सिकंदर शाह सूरी के विरुद्ध काम आए। इस युद्ध में सिकंदर शाह सूरी ने आत्म-समर्पण कर दिया और अकबर ने उसे प्राणदान दे दिया।

अकबर का साम्राज्य विस्तार

अकबर ने अपनी बहुमुखी प्रतिभा से संपूर्ण उत्तरी हिंदुस्तान, उत्तर-पश्चिम बंगाल से लेकर पूर्व में असम और उत्तर में कश्मीर से लेकर दक्षिण में बीजापुर और गोलकुंडा की सरहद तक अपने साम्राज्य का विस्तार कर लिया था।

सम्राट अकबर ने अपनी मृत्यु होने तक निम्नलिखित साम्राज्यों को व्यवस्थित रूप से अपने साम्राज्य में जोड़ा-

(1) काबुल,   (2) लाहौर,   (3) मुल्तान,

(4) देहली,   (5) आगरा,   (6) अवध,

(7) अजमेर,   (8) गुजरात,   (9) मालवा,

(10) इलाहाबाद,   (11) बंगाल,   (12) बिहार,

(13) खानदेश,   (14) यरार,   (15) अहमदनगर

इन सभी राज्यों से अकबर को **सन् 1602 ई.**में लगभग 17 करोड़ 45 लाख रुपए की आय प्राप्त हुई थी।

खोये हुए राज्य को पुन: प्राप्त करने के लिए अकबर के पिता हुमायूँ के अनवरत प्रयत्न अन्तत: सफल हुए और वह **सन् 1555 ई.**में हिंदुस्तान पहुँचा। किंतु अगले ही वर्ष **सन् 1556 ई.**में राजधानी दिल्ली में उसकी मृत्यु हो गई।

हुमायूं के मृत्यु के बाद गुरदासपुर के कलानौर नामक स्थान पर **13** वर्ष की आयु में अकबर का राजतिलक हुआ। अकबर का संरक्षक बैरम खान को नियुक्त किया गया जिसका प्रभाव उस पर **सन् 1560 ई.**तक रहा।

अकबर के समय तत्कालीन मुग़ल राज्य केवल काबुल से दिल्ली तक ही फैला हुआ था। इसके साथ ही अनेक समस्याएं भी सिर उठाए खड़ी थी। **सन् 1563 ई.**में शम्सुद्दीन अतका खान की हत्या के कारण जनता में आक्रोश उभरा।

सन् 1564-65 ई.के बीच उज़बेक विद्रोह हुआ और सन् 1566-67 ई.में मिर्ज़ा भाइयों का विद्रोह भी हुआ किंतु अकबर ने बड़ी कुशलता से इन समस्याओं को हल कर लिया।

अपनी दूरदर्शिता के कारण अकबर ने अपने सामंतों की संख्या बढ़ाई। इसी बीच **सन् 1566 ई.**में महाम अंगा नामक उसकी धाय के बनवाये मदरसे (वर्तमान पुराने किले परिसर में) से शहर लौटते हुए अकबर पर तीर से एक जानलेवा हमला हुआ।

उस हमले में महाम अंगानामक उसकी धाय ने अकबर को अपनी फुर्ती से बचा लिया। हालांकि उसकी बांह में गहरा घाव हुआ था। इस घटना के बाद अकबर की प्रशासनिक शैली में कुछ बदलाव आया जिसके तहत उसने शासन की पूर्ण बागडोर अपने हाथ में ले ली।

इसके फौरन बाद ही हेमू के नेतृत्व में अफ़ग़ान सेना पुन: संगठित होकर उसके सम्मुख चुनौती बनकर खड़ी थी। अपने शासन के आरंभिक काल में ही अकबर यह समझ गया कि सूरी वंश को समाप्त किए बिना वह चैन से शासन नहीं कर सकेगा।

इसलिए वह सूरी वंश के सबसे शक्तिशाली शासक सिकंदरशाह सूरी पर आक्रमण करने के लिए पंजाब चल पड़ा। पानीपत के द्वितीय युद्ध में विजय उपरांत दिल्ली पर पुन: अधिकार जमाने के बाद अकबर ने अपने राज्य का विस्तार करना शुरू किया। इस तरह **सन् 1562 ई.में** मालवा और **सन् 1572 ई.में** गुजरात को मुग़ल साम्राज्य के अधीन कर लिया।

फिर उसके बाद अकबर ने **सन् 1574 ई.में** बंगाल, **सन् 1581 ई.में** काबुल, **सन् 1586 ई.में** कश्मीर और **सन् 1601 ई.में** खानदेश को भी मुग़ल साम्राज्य के अधीन कर लिया। अकबर ने इन राज्यों में एक-एक राज्यपाल नियुक्त किए।

अकबर का सबसे प्रसिद्ध युद्ध मेवाड़ के राणा प्रताप से हुआ। जिन्होंने **सन् 1568 ई.में** चित्तौड़ की हार के बावजूद कभी समर्पण नहीं किया और अपने लोगों के सहयोग से आजीवन संघर्ष करते रहे।

चित्तौड़ के पतन के बाद रणथंभौर जैसे सशक्त दुर्ग पर अकबर ने फ़तह हासिल की जिसके फलस्वरूप बीकानेर, जैसलमेर सहित अन्य राजपूत राज्यों ने अकबर की अधीनता स्वीकार कर ली।

अकबर यह नहीं चाहता था कि मुग़ल साम्राज्य का केन्द्र दिल्ली जैसे दूरस्थ शहर में हो। इसी बात को ध्यान में रखते हुए अकबर ने यह निर्णय लिया की मुग़ल साम्राज्य की राजधानी फतेहपुर सीकरी को बनाया जाए, जो साम्राज्य के मध्य में होती थी।

लेकिन कुछ ही समय के बाद अकबर को राजधानी फतेहपुर सीकरी से हटानी पड़ी। कहा जाता है कि पानी की कमी इसका प्रमुख कारण था।

फतेहपुर सीकरी के बाद अकबर ने एक चालित दरबार बनाया जो कि साम्राज्य भर में घूमता रहता था इस प्रकार साम्राज्य के सभी कोनों पर उचित ध्यान देना संभव हुआ।

सन् 1585 ई.में उत्तर-पश्चिमी राज्यों में सुचारू रूप से शासन-संचालन के लिए अकबर ने लाहौर को राजधानी बनाया। अपनी मृत्यु के पूर्व अकबर ने **सन् 1599 ई.में** वापस आगरा को राजधानी बनाया और अन्त तक यहीं से शासन संभाला।

अकबर के संरक्षक बैरम खाँ का प्रभुत्व एवं बैरम खाँ के पतन के कारण (सन् 1556 ई.- सन् 1560 ई.)

बैरम खाँ एक फारसी तुर्क और शिया मुस्लिम थे। उन्होंने बाबर, हुमायूं और अकबर के अधीन काम किया। हुमायूं, बैरम खाँ की बुद्धि और निष्ठा से इतना प्रसन्न था कि वह उसे अपना सबसे भरोसेमंद अनुयायी मानता था। हुमायूं को दिल्ली की गद्दी दिलवाने में बैरम खाँ की महत्त्वपूर्ण भूमिका थी।

अकबर के संरक्षक और शिक्षक के रूप में बैरम खाँ की सेवाएं प्रशंसनीय हैं। उन्होंने **सन् 1556 से सन् 1560 ई.** के बीच चार साल तक राज्य के मामलों का मार्गदर्शन किया जब अकबर नाबालिग था। इस बीच वह अकबर का भी प्रमुख एवं विश्वसनीय सेनानायक बन गया था। **सन् 1560 ई.** में बैरम खाँ का पतन शुरू हुआ। बेलगाम शक्ति ने उसे अहंकारी बना दिया।

पानीपत के द्वितीय युद्ध में बैरम खाँ की विजय के बाद शासन पर उसका अप्रत्यक्ष नियंत्रण हो गया। वह न केवल शासन पर प्रभाव बनाए रखना चाहता था बल्कि वास्तव में भी राजा बनना चाहता था। अकबर ने बैरम खाँ को उसके कर्तव्यों से मुक्त कर दिया। इस पर बैरम खाँ ने विद्रोह किया लेकिन पराजित हो गया। अकबर ने उसे क्षमा कर दिया और उसे अपने रख-रखाव के लिए जागीर दी। अकबर ने उसे क्षमा करते हुए गरिमा के साथ मक्का जाने के लिए कहा। तीर्थ यात्रा जाते समय पाटन नामक स्थान पर मुबारक खाँ नामक एक अफ़ग़ान युवक ने उसकी हत्या कर दी। अकबर ने बैरम खाँ की विधवा सलीमा बेगम से निकाह कर लिया और बैरम खाँ के चार वर्षीय पुत्र अब्दुल रहीम को संरक्षण प्रदान किया।

बैरम खाँ एक असाधारण सेनापति थे जिन्होंने मुग़ल सम्राट हुमायूं और उनके बेटे अकबर के लिए आजीवन सेवा की थी और उनके राज्य का विस्तार करने में बहुत बड़ा योगदान दिया था। बैरम खाँ ने पानीपत की दूसरी लड़ाई में हेमू के खिलाफ अकबर की जीत के लिए उनकी सेना का नेतृत्व किया। **सन् 1584 ई.** में अकबर ने अब्दुल रहीम को खानेख़ाना की उपाधि प्रदान की।

बैरम खान के पतन के कारण:-

1. मुस्लिम रईसों के बीच बैरम खान की अलोकप्रियता। वह शिया थे और मुग़ल रईसों में से अधिकांश ने सुन्नी मत का पालन किया।

2. बैरम खान की घमंड और घबराहट।

3.   कुछ रईसों के पक्षधर।

4.   राज्यपाल तारदी बेग का उत्पीड़न जो हेमू के खिलाफ दिल्ली की रक्षा करने में विफल रहे थे।

6.   बैरम खान के खिलाफ शाही घराने की साजिश।

7.   बैरम खान का बादशाह अकबर के खिलाफ विद्रोह

एक योग्य संरक्षक के रूप में उन्होंने संघर्षपूर्ण स्थितियों के दौरान अकबर को निर्देशित भी किया। बैरम खाँ मुग़ल साम्राज्य के प्रति तब तक वफादार रहे जब तक कि अकबर की धाय माँ माहम अंगाकी नज़र में नहीं आए क्योंकि माहम अंगाने दोनों के बीच मतभेद पैदा कर दिए थे।

अकबर का राजपूताना पर आक्रमण
(सन् 1561 ई.- सन् 1576 ई.)

अब तक सम्राट अकबर ने उत्तरी-भारत के काफ़ी हिस्से पर अपना क़ब्ज़ा कर लिया था। अब अकबर राजपूताना पर आक्रमण करना चाहता था। मुग़लों ने राजपूतों के उत्तरी हिस्से अजमेर और नागौर पर तो क़ब्ज़ा कर लिया था।

अब अकबर को मेवाड़ की धरती पर कदम रखकर उसे अपना बनाना था। इससे पहले राजपूत राजाओं ने मुस्लिम शासकों के खिलाफ कभी भी समर्पण नहीं किया था। **सन् 1561 ई.** में मुग़लों ने राजपूत लोगों से सम्पर्क बनाकर कूटनीति से उन्हें अपने साम्राज्य में शामिल कर लिया।

कई राजपूत राज्यों ने अकबर की आधिपत्य स्वीकार कर ली थी। केवल मेवाड़ के शासक उदय सिंह अकबर की कूटनीति से दूर रहे। राजा उदय सिंह के पिता राणा सांगा बाबर के खिलाफ **सन् 1527 ई.** में खानवा के युद्ध में लड़ाई के दौरान वीरगति को प्राप्त हो गये थे।

राजा उदयसिंह उस समय सिसोदिया वंश के शासक थे। राजा उदयसिंह ने अकबर की सेना के आगे घुटने टेकने से मना कर दिया। **सन् 1567 ई.** में अकबर की सेना ने मेवाड़ के चित्तौड़गढ़ दुर्ग पर हमला बोल दिया और 4 महीनों तक घेराबंदी करने के बाद **सन् 1568 ई.** में दुर्ग पर कब्ज़ा कर लिया ।

उस समय उदयसिंह दो राजपूत योद्धाओं जयमल और फत्ता को छोडकर मेवाड़ की पहाड़ियों में चले गये थे। अकबर ने उन दोनों के सिर काटकर दीवार पर लटका दिए। अकबर तीन दिन तक चित्तौड़गढ़ रहा और फिर से आगरा लौट गया।

उदयसिंह की शक्ति और प्रभाव इस वजह से कम हो गया। **सन् 1568 ई.** में चित्तौड़गढ़ दुर्ग पर विजय के बाद अकबर ने रणथम्भौर दुर्ग पर हमला करने का विचार बनाया। उस समय रणथम्भौर पर हाडा राजपूत का राज था और वह उस समय का सबसे मजबूत किला माना जाता था।

लेकिन कुछ महीनों के संघर्ष के बाद अकबर ने उस पर भी क़ब्ज़ा कर लिया। अकबर ने अब तक पूरे राजपूताना को अपना बना लिया था। कई राजपूत राजाओं ने समर्पण कर दिया था। अब केवल मेवाड़ ही बच गया था।

उदयसिंह के पुत्र और उत्तराधिकारी महाराणा प्रताप सिंह ने **सन् 1576 ई.में** अकबर की सेना से हल्दीघाटी के युद्ध में लड़ाई की और अकबर ने प्रताप की सेना को हरा दिया। अकबर ने राजपूताना पर अपनी नींव रख दी और फतेहपुर सीकरी को राजपूताना की राजधानी बनाया।

महाराणा प्रताप लगातार मुग़लों से युद्ध करते रहे और अपने पूर्वजों की जमीन पर फिर से क़ब्ज़ा किया था।

अकबर का प्रशासन, मुद्रा, राजधानी स्थानांतरण तथा सैन्य व्यवस्थाः मनसबदारी प्रथा, दाग़ प्रथा, मुग़लकालीन सेना, पैदल सेना, घुड़सवार सेना, नौसेना, हस्ति सेना, जल सेना (सन् 1560 ई.- सन् 1572 ई.)

अकबर का प्रशासन

सन् 1560 ई.में अकबर ने स्वयं सत्ता संभाल ली और अपने संरक्षक बैरम खां को पदमुक्त करके मक्का की तीर्थ यात्रा के लिए भेज दिया। जब अकबर ने अपने हाथों में सत्ता ली तब उसको अनेक कठिनाइयों का सामना करना पड़ा।

बैरम खाँ पर मक्का जाते समय गुजरात में अफ़ग़ानों के एक दल ने आक्रमण कर दिया। मुबारक खाँ नामक एक अफ़ग़ान ने बैरम खाँ को मार डाला। जिसके पिता का बैरम खां ने मच्छीवाड़ा (**सन् 1555 ई.**) के युद्ध में कत्ल किया था।

बैरम खाँ की मृत्यु के बाद अकबर ने बैरम खाँ की विधवा सलीमा बेगम से निकाह कर लिया तथा उसके पुत्र अब्दुर्रहीम को अपने नवरत्नों में शामिल करके खानख़ाना की उपाधि दी।

अबुल फ़ज़ल ने बैरम खाँ के पतन में सबसे अधिक उत्तरदायी अकबर की धाय माँ माहम अंगा को ठहराया था ।

अब अकबर के अपने हाथों में सत्ता थी लेकिन अनेक कठिनाइयां भी थीं। जैसे- शम्सुद्दीन अतका खान की हत्या पर उभरा जन आक्रोश (**सन् 1563 ई.**), उज़बेक विद्रोह (**सन् 1564 - सन् 1565 ई.**) और मिर्ज़ा भाइयों का विद्रोह (**सन् 1566 - सन् 1567 ई.**) आदि।

किंतु इन विद्रोहों के बावजूद अकबर ने बड़ी कुशलता से इन समस्याओं का सामना किया। अपनी दूरदर्शिता और कुशलता के कारण उसने अपने सामंतों की संख्या बढ़ाई।

सन् 1562 ई.में आमेर के शासक से उसने समझौता किया - इस प्रकार राजपूत राजा भी उसकी ओर हो गये। इसी प्रकार अकबर ने ईरान से आने वालों को भी बड़ी सहायता दी।

भारतीय मुसलमानों को भी उसने अपने कुशल व्यवहार से अपनी ओर कर लिया। अकबर ने धार्मिक सहिष्णुता का अनोखा परिचय दिया।अकबर के शासन में हिन्दू तीर्थ-स्थानों पर लगा कर जज़िया **सन् 1563 ई.**में हटा लिया गया।

अकबर के कर हटाने से पूरे राज्यवासियों को अनुभव हो गया कि वह एक परिवर्तित नीति अपनाने में सक्षम है। इसके अतिरिक्त उसने जबरदस्ती युद्धबंदियों का धर्म बदलवाना भी बंद करवा दिया।

अकबर ने मनसबदारी प्रथा के तहत बड़े-बड़े सरदारों के मातहत सेना की टुकड़ियों में ऐसी व्यवस्था रखी कि हर अमीर या सरदार की टुकड़ी में मुग़ल, पठान, हिंदुस्तानी और राजपूत चारों जातियों के सिपाही हो।

बादशाह रोज सवेरे प्रजा को झरोखा दर्शन देता था और बहुत सारी अर्जियां वहीं निपटा देता था बाकी मामले दरबार-ए-आम में हल किए जाते थे। अकबर ने बहुत ही प्रभावी सेना का निर्माण किया था। अकबर के शासनकाल के दौरान मुग़ल साम्राज्य तीन गुना बढ़ चुका था।

मुद्रा

अकबर ने अपने शासनकाल में ताँबें, चाँदी एवं सोने की मुद्राएं प्रचलित की। इन मुद्राओं के पृष्ठ भाग में सुंदर इस्लामिक छपाई हुआ करती थी।

अकबर ने अपने काल की मुद्राओं में कई बदलाव किए। उसने एक खुली टकसाल व्यवस्था की शुरुआत की। जिसके अंदर कोई भी व्यक्ति अगर टकसाल शुल्क देने में सक्षम था तो वह किसी दूसरी मुद्रा अथवा सोने से अकबर की मुद्रा को परिवर्तित कर सकता था। अकबर चाहता था कि उसके पूरे साम्राज्य में समान मुद्रा चले।

राजधानी स्थानांतरण

पानीपत का द्वितीय युद्ध होने के बाद हेमू को मारकर दिल्ली पर अकबर ने पुन: अधिकार किया। इसके बाद उसने अपने राज्य का विस्तार करना शुरू किया।

अकबर ने **सन् 1562 ई.में** मालवा, **सन् 1572 ई.में** गुजरात, **सन् 1574 ई.में** बंगाल, **सन् 1581 ई.में** काबुल, **सन् 1586 ई.में** कश्मीर और **सन् 1601 ई.में** खानदेश (वर्तमान बुढ़हानपुर, महाराष्ट्र का भाग) को मुग़ल साम्राज्य के अधीन कर लिया।

अकबर ने इन राज्यों में प्रशासन, संचालन हेतु एक-एक राज्यपाल नियुक्त किया। उसे राज संभालने के लिए दिल्ली राजधानी के तौर पर कई स्थानों से दूर लगी और यह प्रतीत हुआ कि इससे प्रशासन में समस्या आ सकती है।

अत: इस बात को ध्यान में रखते हुए अकबर ने यह निर्णय लिया कि मुग़ल राजधानी को आगरा के निकट फतेहपुर सीकरी ले जाया जाए। जो कि साम्राज्य के लगभग मध्य में थी।

एक पुराने बसे ग्राम सीकरी पर अकबर ने नया शहर बनवाया जिसे अपनी जीत यानी फ़तह की खुशी में फतेहाबाद या फतेहपुर नाम दिया गया। जल्दी ही इसे वर्तमान नाम फतेहपुर सीकरी से बुलाया जाने लगा।

यहां के अधिकांश निर्माण उन 14 वर्षों के ही हैं, जिनमें अकबर ने यहां निवास किया। शहर में शाही उद्यान, आरामगाहें, सामंतों व दरबारियों के लिए आवास तथा बच्चों के लिए मदरसे बनवाये गए।

ब्लेयर और ब्लूम के अनुसार शहर के अंदर इमारतें दो प्रमुख प्रकार की हैं- सेवा इमारतें, जैसे- कारवांसेरी, टकसाल, निर्माणियां, बड़ा बाज़ार (चहर सूक) जहां दक्षिण-पश्चिम/उत्तर-पूर्व अक्ष के लंबवत निर्माण हुए हैं।

दूसरा शाही भाग, जिसमें भारत की सबसे बड़ी सामूहिक मस्जिद है। साथ ही आवासीय तथा प्रशासकीय इमारतें हैं जिसे दौलतखाना कहते हैं। ये पहाड़ी से कुछ कोण पर स्थित हैं तथा क़िबला के साथ एक कोण बनाती हैं।

किन्तु यह निर्णय सही सिद्ध नहीं हुआ और कुछ ही समय के बाद अकबर को राजधानी फतेहपुर सीकरी से हटानी पड़ी। इसके पीछे पानी की कमी प्रमुख कारण था।

फतेहपुर सीकरी के बाद अकबर ने एक चालित दरबार की रचना की जो पूरे साम्राज्य में घूमता रहता था और इस प्रकार साम्राज्य के सभी स्थानों पर उचित ध्यान देना संभव हुआ।

बाद में अकबर ने **सन् 1585 ई.** में उत्तर-पश्चिमी भाग के लिए लाहौर को राजधानी बनाया। मृत्यु के पूर्व अकबर ने **सन् 1599 ई.** में राजधानी वापस आगरा बनायी और अन्त तक यहीं से शासन संभाला।

आगरा शहर का नया नाम दिया गया अकबराबाद जो साम्राज्य का सबसे बड़ा शहर हुआ। शहर का मुख्य भाग यमुना नदी के पश्चिमी तट पर बसा था।

यहां बरसात के पानी की निकासी की अच्छी नालियां-नालों से परिपूर्ण व्यवस्था बनायी गई। लोदी साम्राज्य द्वारा बनवायी गई गारे-मिट्टी से बनी नगर की पुरानी चारदीवारी को तोड़कर **सन् 1565 ई.** में बलुआ पत्थर की नयी दीवार बनाई गई।

अंग्रेज़ इतिहासकार युगल ब्लेयर एवं ब्लूम के अनुसार इस लाल दीवार के कारण ही इसका नाम लाल किला पड़ा। वे आगे लिखते हैं कि यह किला पिछले किले के नक्शे पर ही कुछ अर्धवृत्ताकार बना था।

शहर की ओर से इसे एक दोहरी सुरक्षा दीवार घेरे है, जिसके बाहर गहरी खाई बनी है। इस दोहरी दीवार में उत्तर की ओर दिल्ली गेट व दक्षिण में अमर सिंह द्वार बने हैं।

यह दोनों द्वार अपने धनुषाकार मेहराब-रूपी आलों व बुर्जों तथा लाल व सफ़ेद संगमरमर पर नीली ग्लेज़्ड टाइलों द्वारा अलंकरण के कारण ही अपनी विशेष पहचान रखते हैं। यह किला अकबर के पौत्र शाहजहाँ द्वारा बनवाया हुआ है। इसमें दक्षिणी ओर जहाँगीरी महल और अकबर महल हैं।

सैन्य व्यवस्था

मुग़लकालीन सैन्य-व्यवस्था एक मज़बूत सैन्य-व्यवस्था थी। अकबर की सैन्य-व्यवस्था पूर्णतः मनसबदारी प्रथा पर आधारित थी। अगर मुग़लों ने भारत पर इतने लम्बे समय तक

शासन किया था तो उसके पीछे निसंदेह ही उनकी दृढ़, अच्छे ढंग से सुसज्जित और मज़बूत सैन्य-व्यवस्था थी।

मुग़लों ने अपनी सेना का वर्गीकरण भी बहुत ही बेहतरीन तरीक़े से किया था। मुग़ल बादशाहों बाबर, हुमायूँ, अकबर, जहाँगीर, शाहजहाँ और औरंगज़ेब आदि ने अपनी सेना का संगठन कुशल तरीक़े से किया था और यही कारण था कि वे काफ़ी लम्बे समय तक भारत पर शासन करने में सफल रहे।

शासन सफल रहने के कारक :-

1. मनसबदारी प्रथा
2. मनसब विभाजन
3. नियम व परिवर्तन
4. जागीर व्यवस्था
5. दाग़ प्रथा
6. मुग़लकालीन सेना
7. मनसबदारी प्रथा का पतन

मनसबदारी प्रथा

अरबी भाषा के शब्द 'मनसब' का शाब्दिक अर्थ है- 'पद'। मनसबदारी-व्यवस्था की प्रथा 'ख़लीफ़ा अब्बा सईद' द्वारा आरम्भ की गई तथा चंगेज़ ख़ाँ और तैमूर ने इसका विकास किया। इस प्रकार अकबर ने मनसबदारी की प्रेरणा मध्य एशिया से ग्रहण की थी।

मुग़लकालीन सैन्य-व्यवस्था पूर्णत: मनसबदारी प्रथा पर आधारित थी। अकबर द्वारा आरम्भ की गई इस व्यवस्था में उन व्यक्तियों को सम्राट द्वारा एक पद प्रदान किया जाता था, जो शाही सेना में होते थे। इस दिये जाने वाले पद को 'मनसब' एवं ग्रहण करने वाले शाही सैनिक को 'मनसबदार' कहा जाता था।

मनसब प्राप्त करने के उपरान्त उस व्यक्ति की शाही दरबार में प्रतिष्ठा, स्थान व उसके वेतन का ज्ञान होता था। सम्भवत: अकबर की मनसबदारी-व्यवस्था मंगोल नेता चंगेज़ ख़ाँ की 'दशमलव प्रणाली' पर आधारित थी।

मनसब कोई पदवी या पद-संज्ञा नहीं थी वरन् यह किसी अमीर की स्थिति का बोध कराती थी। इस प्रकार मनसब का अर्थ 'पद' या 'श्रेणी' था। मनसबदार राज्य का वेतन भोगी पदाधिकारी होता था।

'पद' या 'श्रेणी' के अर्थ वाले मनसब शब्द का प्रथम उल्लेख अकबर के शासन के 11वें वर्ष में मिलता है, परन्तु मनसब के जारी होने का उल्लेख **सन् 1567 ई.**से मिलता है।

मनसबदार के पद के साथ **सन् 1594-1595 ई.**से 'सवार' का पद भी जुड़ने लगे। इस तरह अकबर के शासनकाल में मनसबदारी प्रथा कई चरणों से गुज़र कर उत्कर्ष पर पहुँची थी। मनसबदारी-व्यवस्था मुग़ल सैन्य-व्यवस्था का मूलाधार थी।

मुग़लकालीन शासन-व्यवस्था एक तरह की अत्यधिक केंद्रीकृत नौकरशाही व्यवस्था थी। सम्राट को प्रशासन की गतिविधियों को भली-भाँति संचालित करने के लिए एक मंत्रिपरिषद की आवश्यकता होती थी।

अकबर ने अपने संपूर्ण मनसब को अल्लाह शब्द की गणना के योग अर्थात 1+ 30 + 30 +5=66 श्रेणियों में विभाजित किया था किन्तु अबुल फ़ज़ल ने केवल 33 श्रेणियों का ही उल्लेख किया है।

मनसब विभाजन

अकबर के शासन काल में प्रत्येक उच्च पदाधिकारी केवल क़ाज़ी एवं सद्र को छोड़कर सेना में पदासीन होता था। युद्ध के समय आवश्यकता पड़ने पर उसे सैन्य संचालन भी करना पड़ता था। इन सबको मनसब प्राप्त होता था।

परन्तु सैन्य विभाग से अलग अन्य विभागों में कार्यरत इन पदाधिकारियों को 'मनसबदार' के स्थान पर 'रोजिनदार' कहा जाता था। अकबर के समय में सबसे छोटा मनसब दस एवं सबसे बड़ा मनसब 10,000 का होता था, परन्तु कालान्तर में यह बढ़कर 12,000 का हो गया।

शाही परिवार के शहज़ादों को 5000 से ऊपर का मनसब मिलता था। 5,000 से ऊपर के मनसब केवल शहजादों तथा राजवंश के लोगों के लिए सुरक्षित होते थे। बाद में अकबर ने मिर्जा अजीज कोका तथा मानसिंह को सात-सात हजार का मनसब प्रदान किया था।

जहाँगीर और शाहजहाँ के काल में सरदारों को 8,000 तक के मनसब तथा शहजादों को 40,000 के मनसब दिये जाते थे। जिसकी संख्या उत्तर-मुग़ल काल में 50,000 तक पहुंच गई।

मनसबदारों को निम्नलिखित श्रेणियों में बाँटा गया था :

- 10 से 500 के नीचे तक-मनसबदार
- 500 जात से अधिक किन्तु 2500 से कम- अमीर
- 2500 जात तथा इससे अधिक पर -अमीर-ए-उम्दा

सबसे ऊंची सैनिक उपाधि - खाने-जमाँ थी और इसके पश्चात खान-ए-खाना। किन्तु यह दोनों पद सामान्यत: एक ही व्यक्ति को दिया जाता था।

अकबर ने अपने अंतिम वर्षों में मनसबदारी-व्यवस्था में 'जात' एवं 'सवार' नामक द्वैध मनसब प्रथा को प्रारंभ किया। जात शब्द से व्यक्ति के वेतन तथा पद की स्थिति का बोध होता था जबकि सवार शब्द से घुड़सवार दस्ते की संख्या का बोध होता था।

सन् 1595 ई.में जात पद के साथ सवार पद को जोड़ देने से 'जात-ओ-सवार' पद बनकर, यह तीन श्रेणियों में बाँटा गया।

तीन श्रेणियां इस प्रकार हैं :-

1. प्रथम श्रेणी

2. द्वितीय श्रेणी

3. तृतीय श्रेणी

प्रथम श्रेणी

प्रथम श्रेणी के मनसबदार को अपने जात पद के बराबर ही घुड़सवार सैनिकों की व्यवस्था करनी पड़ती थी जैसे- 5000/5000 जात/सवार।

द्वितीय श्रेणी

द्वितीय श्रेणी के मनसबदार को अपने जात-पद से थोड़ा कम या फिर आधे सैनिकों की व्यवस्था करनी होती थी। जैसे- 5000/3000 जात/सवार।

तृतीय श्रेणी

तृतीय श्रेणी के मनसबदारों को अपने जात पद से आधे से कम घुड़सवार सैनिकों की व्यवस्था करनी होती थी जैसे - 5000/2000 जात/सवार।

'आइना-ए-अकबरी' में 66 मनसबों का उल्लेख किया गया है किन्तु व्यावहारिक स्तर पर 33 मनसब ही प्रदान किए जाते थे।

नियम व परिवर्तन

मनसबदारों को वेतन नक़द व जागीर दोनों ही रूप में देने की व्यवस्था थी। कार्यकाल के समय मनसबदारों के मरने पर उसकी संपत्ति को जब्त कर लिया जाता था। इस प्रकार मनसबदार का पद आनुवंशिक नहीं था।

मुग़ल काल में उन्हें जो सरकारी विभागों में कार्यरत थे परंतु मनसबदार नहीं थे 'रोजिनदार' कहा जाता था और उन्हें दैनिक वेतन दिया जाता था।

मनसबदारों को नक़द व जागीर के रूप में वेतन मिलता था। किन्तु जागीर से उसे केवल राजस्व प्राप्ति का ही अधिकार होता था। मनसबदारों का जागीर की भूमि पर प्रशासनिक अधिकार नहीं होता था।

मनसबदारों की जागीरें एक प्रांत से दूसरे प्रांत में स्थानांतरित कर दी जाती थीं। ऐसी जागीरों को 'वतन जागीर' भी कहते थे। अकबर के समय में कुल मनसबदारों की संख्या लगभग 1803 थी। जो कि औरंगजेब के समय में बढ़कर 14,449 हो गई।

मनसबदारों के वेतन का निर्धारण के लिए सामान्यतया 4 महीने से कम तथा 10 महीने से अधिक अवधि नहीं रखी जाती थी। प्रारंभ में मनसबदारों को 240 रु. वार्षिक प्रति सवार वेतन मिलता था। किन्तु जहाँगीर के काल में यह राशि घटाकर 200 रु. वार्षिक कर दी गई थी ।

मनसबदारों का वेतन रुपयों के रूप में निश्चित किया जाता था किन्तु उसकी अदायगी जागीर के रूप में की जाती थी। शाहजहाँ के शासनकाल में एक परिवर्तन यह हुआ कि मनसबदारों के 'सवार' पद में निर्दिष्ट संख्या के अनुपात में भारी कमी आयी।

मनसब आनुवंशिक नहीं होते थे। मनसबदार की मृत्यु या पदच्युति के बाद यह स्वत: समाप्त हो जाता था। अकबर के शासन काल के अंतिम चरण में यह नियम बनाया गया कि किसी भी मनसबदार का सवार पद उसके जात पद से अधिक नहीं हो सकता।

मनसबदारी व्यवस्था में कुछ परिवर्तन करते हुए अकबर ने सवार पद में 'दु-अस्पा' एवं 'सिंह-अस्पा' की व्यवस्था की। दु-अस्पा में मनसबदारों को निर्धारित संख्या में घुड़सवारों के साथ उतने ही 'कोतल' (अतिरिक्त) घोड़े रखने होते थे जबकि सिंह-अस्पा में मनसबदारों को दोगुना कोतल (अतिरिक्त) घोड़े रखने होते थे।

अकबर ने अपने शासन काल में मनसबदारी व्यवस्था में व्याप्त भ्रष्टाचार को रोकने के लिए उन मनसबदारों के लिए नियम बनाए, जो अपने पद की तुलना में घुड़सवारों की संख्या कम कर देते थे।

अब मनसबदारों के लिए यह आवश्यक हो गया कि वे अपने पद हेतु निर्धारित घुड़सवारों की संख्या की कम से कम एक-चौथाई फ़ौजी टुकड़ी अवश्य रखें। यदि उनकी नियुक्ति भारत से बाहर होती थी तो मनसबदारों को एक-चौथाई के स्थान पर 1/5 सैनिक टुकड़ियां रखनी होती थीं।

जागीर व्यवस्था

अकबर के काल से ही निरंतर यह शिकायत चली आ रही थी कि जागीरों की अनुमानित आय (जमा) तथा वास्तविक आय (हासिल) में अंतर होता था अर्थात जागीरों से होने वाली आय वास्तव में कम होती थी।

अकबर ने वस्तुस्थिति का अध्ययन करने के बाद समस्या का एक हल निकाला तथा जागीरों की वास्तविक वसूली के आधार पर महीनों की अवधि आधारित जागीरों- 'शिशमाहा', 'सीमाहा' आदि की व्यवस्था शुरू की।

अकबर ने हासिल (वास्तविक आय) एवं जमा (निर्धारित लगान) के अंतर को कम करने के लिए मासिक - अनुपात अर्थात् छमाही और तिमाही आधार पर जागीरों की व्यवस्था की।

जिस जागीर से राजस्व की वसूली कुल जमा की 50 प्रतिशत होती थी उसे शिशमाहा जागीर एवं जिससे एक-चौथाई अर्थात् 25 प्रतिशत होती थी उसे सीमाही जागीर कहा जाता था।

इसके अनुसार यदि किसी जागीर से राजस्व की वसूली 50 प्रतिशत होती थी तो उसको शिशमाहा जागीर माना जाता था। यदि वसूली कुल जमा का एक चौथाई होती थी तो जागीर सिमाही मानी जाती थी।

इस प्रकार यदि किसी मनसबदार को शिशमाहा जागीर प्रदान की जाती थी तो उसके दायित्वों का भी उसी अनुपात में निर्धारण करके कटौती की जाती थी।

मनसबदारी प्रथा का पतन

औरंगज़ेब के समय में सक्षम मनसबदारों के किसी महत्त्वपूर्ण पद जैसे फ़ौजदार या क़िलेदार आदि पर नियुक्ति या फिर किसी महत्त्वपूर्ण अभियान पर जाते समय उनके जात पद में वृद्धि किए बिना किसी सवार पद में अतिरिक्त वृद्धि का एक और माध्यम निकाला गया, जिसे 'मशरुत' कहा गया।

मनसबदारों का पद वंशानुगत नहीं होता था। अयोग्य व अक्षम मनसबदार को सम्राट हटा देता था। औरंगज़ेब के शासन काल में विशेषकर उच्च श्रेणियों के मनसबदारों की संख्या में बहुत वृद्धि हुई। स्थिति यहाँ तक आ गई कि उन्हें प्रदान करने के लिए जागीरें नहीं रह गई थीं।

औरंगज़ेब का समकालीन इतिहासकार मामूरी इस समस्या को 'बेजागीरी' कहकर संबोधित करता है। संकट इतना विकट हो गया कि सम्राट और उसके मंत्री बार-बार सभी नयी भर्तियां रोकने की सोचने लगे लेकिन परिस्थितियों ने उन्हें ऐसा करने की अनुमति नहीं दी।

मनसबदारों की संख्या में अतिशय वृद्धि और जागीरों के अभाव ने जागीरदारी प्रथा और कृषिजन्य संकट को जन्म दिया। जिसके परिणामस्वरूप औरंगज़ेब के शासन के पूर्ववर्ती दिनों में मनसबदारी व्यवस्था भी पतनोन्मुख हो गई ।

दाग प्रथा

अकबर ने अपने शासन के 18वें वर्ष (सन् 1574 ई.) में 'दाग' प्रथा को चलाया, जिसका विधिवत प्रयोग 19वें वर्ष में प्रारम्भ हुआ। इस प्रथा में हाथियों एवं घोड़ों को दागा जाता था।

यद्यपि यह प्रथा इससे पूर्व अलाउद्दीन, बलबन तथा शेरशाह के समय में भी प्रचलित थी। किन्तु उस समय केवल एक दाग(निशान) लगाया जाता था।

अकबर ने दाग प्रथा को नया रूप दिया और उसके समय में दो-दाग (निशान) लगाए जाने लगे। एक शाही दाग और दूसरा मनसबदार का दाग होता था, दायें या सीधे पुट्टे पर लगने वाला निशान शाही निशान एवं बायें पुट्टे के निशान को मनसबदार का निशान माना जाता था।

अकबर ने इसके लिए 'दाग-ए-महाली' नामक अलग से एक विभाग खोला था। मनसबदारों के अतिरिक्त दो तरह के सैनिक या सिपाही होते थे। प्रथम 'अहदी' (सभ्य) सिपाही एवं द्वितीय 'दाखिली' (पूरक) सिपाही।

मुग़लकालीन सेना

मुग़लों की विशाल सेना निम्नलिखित भागों में विभाजित थी-

पैदल सेना

यह मुग़ल सेना की सबसे बड़ी शाखा थी। मुग़लों की पैदल सेना में दो प्रकार के सैनिक होते थे- 'अहशाम' एवं 'सेहबन्दी'।

अहशाम सेना

अहशाम सैनिक युद्ध करने वाले सैनिक होते थे। इसमें बंदूकची, शमशीरबाज़ तथा तलवारबाज़ आदि थे। जो तीर-कमान, भाला, तलवार और कटार आदि हथियारों का प्रयोग करते थे।

सेहबन्दी सेना

'सेहबन्दी' सैनिक मालगुज़ारी वसूलने के समय सहायता करते थे। ये सैनिक बेकार (बेरोजगार) लोगों में से लिए जाते थे। मेवरा तथा मेवात निवासी जो धावक और जासूसी का कार्य करते थे। यह मुग़ल सेना की सबसे बडी शाखा थी।

घुड़सवार सेना

यह मुग़ल सेना का सर्वाधिक महत्त्वपूर्ण भाग होता था। इसमें दो प्रकार के घुड़सवार होते थे- 'सिलेदार' एवं 'बरगीर'।

सिलेदार

इन्हें सारे साज-सामान, घोड़े और अस्त्र-शस्त्र की व्यवस्था स्वयं करनी होती थी। इन्हें केवल युद्ध के अवसर पर ही नियुक्त किया जाता था। इनका वेतन बरगीर से अधिक होता था।

बरगीर

बरगीर को साज का सारा सामान सरकार की ओर से मिलता था। यह सेना मुग़ल सेना का प्राण मानी जाती थी।

घुड़सवार

इन दोनों के अतिरिक्त कुछ अन्य घुड़सवार भी होते थे:-

1. दु अस्पा: वह घुड़सवार जिसके पास दो घोड़े होते थे।

2. सिंह अस्पा: वह घुड़सवार जिसके पास तीन घोड़े होते थे।

3. यक् अस्पा: जिसके पास एक ही घोड़ा होता था।

4. निम्न अस्पा: दो घुड़सवारों के बीच में एक घोड़ा होता था।

सेना की कार्यकुशलता को पूर्ण रूप से बनाये रखने के लिए अकबर ने दहबिस्ती का नियम बनाया जिसके अनुसार प्रत्येक सैनिक के लिए दो घोड़े रखना अनिवार्य था।

तोपखाना

मुग़ल तोपखाने का शिलान्यास फारसी तोपची उस्माद अली तथा मुस्तफा खाँ के नेतृत्व में बाबर के समय में हुआ था। बाद में उस्ताद कबीर और हुसैन ने इसे सफल नेतृत्व प्रदान किया था। बाबर अपने साथ एक अच्छा तोपखाना लेकर भारत आया था। जिसका सफल प्रयोग उसने पहली बार भेरा के किले को जीतने के दौरान किया था।

फिर भी मुग़ल तोपखाने को व्यवस्थित रूप अकबर के समय में दिया गया। अकबर ने अनेक छोटी- छोटी वियोज्य तोड़ने वाली तोपों का निर्माण करवाया। जिसे हाथी और घोड़े की पीठ पर रखकर आसानी से एक स्थान से दूसरे स्थान पर ले जाया जा सकता था।

मुग़ल तोपखानें का प्रमुख अधिकारी 'मीर-ए-आतिश' कहलाता था। मुग़ल तोपखाने को दो भागों में बाँटा गया था- 'जिन्सी' कहलाने वाली वह तोपें जो भारी होती थीं तथा 'दस्ती' जो कि हल्की तोपें होती थीं।

नौसेना

मुग़लकाल में नौसेना का कोई सुव्यवस्थित संगठन नहीं था क्योंकि मुग़ल साम्राज्य मूलतः स्थलीय था। **सन् 1572 ई.में** गुजरात विजय तथा बंगाल अभियान के दौरान अकबर ने पहली बार नौसेना की आवश्यकता का अनुभव किया था। फलस्वरूप अकबर ने एक विभाग स्थापित किया। जिसे नवाड़ा कहा जाता था, इसका प्रमुख अधिकारी 'मीर-ए-बहर' होता था।

अकबर के पश्चात् मुग़ल बादशाहों में औरंगजेब ने नौसेना की ओर ध्यान दिया। शाइस्ता खाँ और जुमला ने इस कार्य में महत्त्वपूर्ण योगदान दिया। औरंगजेब ने जंजीरा के सीदियों तथा मोपला लोगों के सहयोग से एक शक्तिशाली नौसेना तैयार की थी।

हस्ति सेना

हस्ति सेना में हाथियों का प्रयोग प्राचीन काल से ही भारत की विशेषता रही है लेकिन मुग़ल काल में अकबर ने उसके प्रबंधन के लिए एक अलग विभाग ही संगठित किया। जिसे पीलखाना कहा जाता था।

अकबर को हाथियों का बड़ा शौक था। इसका प्रयोग वाहन के तौर पर तथा युद्ध लड़ने, दोनों के लिए किया जाता था। अकबर अपनी सेना के लिए जिन हाथियों का प्रयोग करता उन्हें 'ख़ास' कहा जाता था।

जल सेना

मुग़ल काल में 'जल सेना' का भी उल्लेख मिलता है। अकबर के समय में जल सेना के प्रधान को 'अमीर-उल-बहर' कहा जाता था। मुग़लकालीन सेना 'एक भारी चलायमान शहर' की तरह थी। जो कि शाही दरबार के अतिव्ययी साज-सामानों के बोझ में दबी रहती थी।

इसके अतिरिक्त अन्य भाग भी थे :-

गजनाल	-	हाथियों पर लेकर जाने वाली तोपें।
नरनाल	-	सैनिकों द्वारा ले जायी जाने वाली तोपें।
शुतरनाल	-	ऊँट पर लेकर जाने वाली तोपें।

अकबर के समय में 'उस्ताद कबीर' एवं 'हुसैन' तोप एवं बन्दूक विशेषज्ञ थे। मनूची ने भी मुग़ल तोपख़ाने के प्रभारी के रूप में कार्य किया था।

दशमलव प्रणाली

मुग़ल सेना विभिन्न प्रजातियों की एक ऐसी मिश्रित सेना थी जिसमें ईरानी, तुर्की, अफ़ग़ान, भारतीय मुसलमान एवं मराठों सभी को भर्ती किया गया था। मुग़ल सेना का गठन दशमलव प्रणाली पर किया गया था।

मुग़ल सैन्य दल को चार श्रेणियों में विभाजित किया गया था-

1. अधीनस्थ राजाओं की सेनाएं
2. मनसबदारों की सैन्य टुकड़ियां
3. अहदी सैनिक

ये सैनिक एक तरह से बादशाह के सैनिक होते थे। इनकी भर्ती, वेतन, वस्त्र एवं घोड़े सब राज्य की ओर से दिये जाते थे। इन्हें एक अलग अमीर और बख्शी के अधीन रखा जाता था।

इन सैनिकों को बादशाह कभी-कभी मनसबदार की सेवा में भी नियुक्त कर सकता था। एक अहदी घुड़सवार को **500 रु.** वेतन देने का उल्लेख मिलता है जबकि एक साधारण घुड़सवार को **12 रु.** से **15 रु.** तक वेतन दिया जाता था।

4.   दाखिली सैनिक (पूरक सैनिक)

इन सैनिकों की भर्ती बादशाह की तरफ से की जाती थी किन्तु इनको मनसबदारों की कमान अथवा सेवा में रख दिया जाता था। इन्हें वेतन राज्य की ओर से प्राप्त होता था। यह मुग़ल सेना की सबसे बड़ी शाखा थी।

राज्य के द्वारा कोई विशाल सेना स्थायी रूप से नहीं रखी जाती थी परन्तु सिद्धांत रूप में साम्राज्य के सभी बलशाली नागरिक शाही सेना में नियुक्त हो सकने वाले सिपाही थे। मुग़ल सेना का इतिहास अधिकतर मनसबदारी प्रणाली का इतिहास है।

8 अकबर की नीतियां : विवाह संबंध, पुर्तगालियों एवं तुर्कों से संबंध (सन् 1560 ई.- सन् 1584 ई.)

विवाह संबंध

अकबर ने अपने साम्राज्य के विस्तार के लिए और उसको दृढ़ता प्रदान करने के लिए राजपूत राजाओं से मित्रता करने की अपने पिता हुमायूं की नीति का विस्तार किया।

अकबर ने अपनी हिंदू पत्नियों को धार्मिक स्वतंत्रता दी और उनके माता-पिता तथा सगे-संबंधियों को ऊंचे-ऊंचे ओहदों पर रखा।

आंबेर के कछवाहा राजपूत राजा भारमल ने अकबर के दरबार में अपने राज्य संभालने के कुछ समय बाद ही प्रवेश पाया था।

राजा भारमल ने अपनी छोटी बेटी राजकुमारी हरखा बाई का विवाह अकबर से करवाना स्वीकार किया। विवाहोपरांत हरखा बाई मुस्लिम बनी और 'मरियम-उज़-ज़मानी' कहलायी। हरखा बाई ने राजपूत परिवार को सदा के लिए त्याग दिया और विवाह के बाद कभी आमेर वापस नहीं गई।

हरखा बाई को विवाह के बाद आगरा या दिल्ली में कोई महत्त्वपूर्ण स्थान नहीं बल्कि उन्हें भरतपुर जिले का एक छोटा सा गाँव भर मिला था।

हरखा बाई की मृत्यु **सन् 1623 ई.** में हुई थी। उसके पुत्र जहाँगीर द्वारा उसके सम्मान में लाहौर में एक मस्जिद बनवायी गई थी।

भारमल को अकबर के दरबार में ऊंचा स्थान मिला था। अकबर ने भारमल को एक बड़ा सरदार बना दिया और उसके बेटे भगवानदास को पाँच हजारी का दर्जा दिया।

अकबर ने भारमल के पोते मानसिंह को सबसे ऊंचा सात हजारी का दर्जा प्रदान किया। उसने अपने एक बच्चे को देखभाल के लिए भारमल की पत्नियों की देखरेख में आमेर भेज दिया।

हिन्दू राजकुमारियों से मुस्लिम राजाओं के वैवाहिक संबंध बनाने के प्रकरण अकबर के समय से पूर्व काफ़ी प्रचलित हुए थे। किंतु अधिकांश विवाहों के बाद दोनों परिवारों के आपसी संबंध अच्छे नहीं रहे और न ही राजकुमारियां कभी वापस लौटकर घर आईं।

हालांकि अकबर ने इस मामले को पिछले प्रकरणों से अलग रूप दिया। जहां उन रानियों के भाइयों या पिताओं को पुत्रियों या बहनों के विवाहोपरांत अकबर के मुस्लिम ससुराल वालों जैसा ही सम्मान मिला करता था। सिवाय उनके संग खाना खाने और प्रार्थना करने के।

उन राजपूतों को अकबर के दरबार में अच्छे स्थान मिले थे। सभी ने उन्हें वैसे ही अपनाया था सिवाय कुछ रूढ़िवादी परिवारों को छोड़कर- जिन्होंने इसे अपने प्रति अपमान के रूप में देखा था।

जिन राजपूत परिवारों में अकबर के वैवाहिक संबंध नहीं थे उनसे भी अकबर ने मित्रता स्थापित की। कुछ अन्य राजपूत रजवाड़े भी अकबर के संग संबंध बनाना चाहते थे किन्तु ऐसे में विवाह संबंध जैसे संबंध बनाने की कोई शर्त नहीं थी।

दो प्रमुख राजपूत वंश, मेवाड़ के सिसोदिया और रणथंभौर के हाढ़ा इन संबंधों से सदा ही हटते रहे। अकबर के एक प्रसिद्ध दरबारी राजा मानसिंह अकबर की ओर से हाडा राजा सुर्जन हाडा के पास एक संबंध प्रस्ताव भी लेकर गये। जिसे सुर्जन सिंह ने एक शर्त के साथ स्वीकार्य किया।

वो शर्त यह थी कि सुर्जन सिंह अपनी किसी पुत्री का विवाह अकबर के संग नहीं करेंगे। अंतत: कोई वैवाहिक संबंध नहीं हुए। किन्तु रणथंभौर के राव सुरजन हाढ़ा को गढ़ की जिम्मेदारी सम्मान सहित सौंपी गई और उसको दो हजारी का दर्जा प्रदान किया।

अन्य कई राजपूत सामंतों को भी अपने राजाओं द्वारा पुत्रियों को मुग़लों को विवाह के नाम पर देना अच्छा नहीं लगता था। गढ़ सिवान के राठौर कल्याणदास ने मोटा राजा राव उदयसिंह और जहाँगीर को मारने की धमकी भी दी थी।

गढ़ सिवान के राठौर कल्याणदास ने मोटा राजा राव उदयसिंह और जहाँगीर को इसलिए मारना चाहते थे क्योंकि उदयसिंह ने अपनी पुत्री जगत गोसाई का विवाह अकबर के पुत्र जहाँगीर से करने का निश्चय किया था।

अकबर ने यह ज्ञात होने पर शाही फौजों को कल्याणदास पर आक्रमण हेतु भेज दिया। कल्याणदास की सेना के संग युद्ध में मृत्यु हुई और उसकी स्त्रियों ने जौहर कर लिया।

इन संबंधों का राजनीतिक प्रभाव महत्त्वपूर्ण था। जबकि कुछ राजपूत स्त्रियों ने अकबर के हरम में प्रवेश लेने पर इस्लाम स्वीकार किया फिर भी उन्हें पूर्ण धार्मिक स्वतंत्रता थी।

साथ ही उन राजपूत स्त्रियों के सगे-संबंधी जो हिन्दू ही थे, उनको दरबार में उच्च-स्थान भी मिले थे। इनके द्वारा जनसाधारण की ध्वनि अकबर के दरबार तक पहुँचा करती थी।

दरबार के हिन्दू और मुस्लिम दरबारियों के बीच सम्पर्क बढ़ने से आपसी विचारों का आदान -प्रदान हुआ और दोनों धर्मों में सद्भाव स्थापित हुआ।

इससे अगली पीढ़ी में दोनों रक्तों का संगम था जिसने दोनों संप्रदायों के बीच सौहार्द को भी बढ़ावा दिया। परिणामस्वरूप राजपूत मुग़लों के सर्वाधिक शक्तिशाली सहायक बने।

राजपूत सैन्य अधिकारियों ने मुग़ल सेना में रहकर अनेक युद्ध किए तथा जीते। इनमें गुजरात का **सन् 1572 ई.**का अभियान भी था।

अकबर की सफलता का बहुत बड़ा कारण उसकी उदारता और उसकी धार्मिक सहिष्णुता की नीति का सुखद संयोग होना था।

अकबर ने **सन् 1564 ई.**में जज़िया कर हटा दिया इसी प्रकार बनारस, इलाहाबाद जैसे तीर्थ स्थानों में लगने वाला तीर्थ कर भी हटा दिया गया। युद्ध के दौरान बनाए गए बंदियों को जबरदस्ती मुसलमान बनाने के चलन को भी समाप्त कर दिया।

अकबर की धार्मिक सहिष्णुता की नीति ने शाही प्रशासन में सभी के लिए नौकरियों और रोजगार के अवसर खोल दिये थे। इसके कारण प्रशासन और भी दृढ़ होता चला गया।

हालांकि कुछ इतिहासकारों के अनुसार अकबर के दरबारी हिन्दू राजाओं की स्थिति भी बहुत अच्छी नहीं थी और वे अकबर के गुलाम मात्र ही थे।

इतिहासकार दशरथ शर्मा लिखते हैं कि हम अकबर को उसके दरबार के इतिहास और वर्णनों जैसे- अकबरनामा आदि के अनुसार महान कहते हैं। लेकिन यदि कई अन्य उल्लेखनीय कार्यों की ओर देखें जैसे दलपत विलास, तब स्पष्ट हो जाएगा कि अकबर अपने हिन्दू सामंतों से कितना अभद्र व्यवहार किया करता था।

अकबर के नवरत्न राजा मानसिंह द्वारा विश्वनाथ मंदिर के निर्माण को अकबर की अनुमति के बाद किए जाने के कारण हिन्दुओं ने उस मंदिर में जाने का बहिष्कार कर दिया। कारण साफ था कि राजा मानसिंह के परिवार के अकबर से वैवाहिक संबंध थे।

अकबर के हिन्दू सामंत उसकी अनुमति के बगैर मंदिर निर्माण तक नहीं करा सकते थे। बंगाल में राजा मानसिंह ने एक मंदिर का निर्माण बिना अनुमति के आरंभ किया जिसे अकबर ने पता चलने पर रुकवा दिया और **सन् 1595 ई.**में उसे मस्जिद में बदलने के आदेश दिए।

पुर्तगालियों से संबंध

सन् 1556 ई.में अकबर के गद्दी लेने के समय, पुर्तगालियों ने महाद्वीप के पश्चिमी तट पर बहुत से दुर्ग व फैक्ट्रियां लगा ली थी और बड़े स्तर पर उस क्षेत्र में नौवाहन और सागरीय व्यापार नियंत्रित करने लगे थे।

इस उपनिवेशवाद के चलते अन्य सभी व्यापारिक संस्थाओं को पुर्तगालियों की शर्तों के अधीन ही रहना पड़ता था, जिस पर उस समय के शासकों व व्यापारियों को आपत्ति होने लगी थीं।

मुग़ल साम्राज्य ने अकबर के राजतिलक के बाद पहला निशाना गुजरात को बनाया और सागर तट पर प्रथम विजय पायी। किन्तु **सन् 1572 ई.**में पुर्तगालियों की शक्ति को ध्यान में रखते हुए पहले कुछ वर्षों तक उनसे मात्र फारस की खाड़ी क्षेत्र में यात्रा करने हेतु कर्ताज़ नामक पास लिए जाते रहे।

सन् 1572 ई. में सूरत के अधिग्रहण के समय मुग़लों और पुर्तगालियों की प्रथम भेंट हुई और पुर्तगालियों को मुग़लों की असली शक्ति का अनुमान हुआ और फलत: उन्होंने युद्ध के बजाय नीति से काम लेना उचित समझा।

पुर्तगाली राज्यपाल ने अकबर के निर्देश पर उसे एक राजदूत के द्वारा संधि प्रस्ताव भेजा। अकबर ने उस क्षेत्र से अपने हरम के लोगों व अन्य मुस्लिम लोगों द्वारा मक्का के लिए हज की यात्रा को सुरक्षित करने की दृष्टि से प्रस्ताव स्वीकार कर लिया।

सन् 1573 ई. में अकबर ने अपने गुजरात के प्रशासनिक अधिकारियों को एक फरमान जारी किया, जिसमें निकटवर्ती दमन में पुर्तगालियों को शांति से रहने दिये जाने का आदेश दिया था। इसके बदले में पुर्तगालियों ने अकबर के परिवार के लिए हज को जाने हेतु पास जारी किए थे।

तुर्कों से संबंध

सन् 1576 ई. में अकबर ने याह्हा सलेह के नेतृत्व में अपने हरम के अनेक सदस्यों सहित हाजियों का एक बड़ा जत्था हज को भेजा। ये जत्था दो पोतों में सूरत से जेद्दाह बंदरगाह पर **सन् 1577 ई.** में पहुँचा तथा मक्का और मदीना को अग्रसर हुआ।

सन् 1577 ई. से **सन् 1580 ई.** के बीच चार और कारवां हज को रवाना हुआ। जिनके साथ मक्का व मदीना के लोगों के लिए भेंटें व गरीबों के लिए सदके थे।

यह यात्री समाज के आर्थिक रूप से निचले वर्ग के थे और इनके जाने से उन शहरों पर आर्थिक भार बढ़ा। तब तुर्क प्रशासन ने इनसे घर लौट जाने का निवेदन किया, जिस पर हरम की स्त्रियां तैयार न हुईं।

काफ़ी विवाद के बाद उन्हें विवश होकर लौटना पड़ा। अदन के राज्यपाल को **सन् 1580 ई.** में आये यात्रियों की बड़ी संख्या देखकर बड़ा रोष हुआ और उसने लौटते हुए मुग़लों का यथासंभव अपमान भी किया।

इन प्रकरणों के कारण अकबर को हाजियों की यात्राओं पर रोक लगानी पड़ी। **सन् 1584 ई.** के बाद अकबर ने यमन-साम्राज्य के अधीनस्थ अदन के बंदरगाह पर पुर्तगालियों की मदद से चढ़ाई करने की योजना बनायी।

उधर पुर्तगालियों से इस बारे में योजना बनाने हेतु एक मुग़ल दूत गोआ में अक्टूबर **सन् 1584 ई.** से स्थायी रूप से तैनात किया गया। एक पुर्तगाली टुकड़ी ने यमन पर आक्रमण भी किया।

किन्तु यमन पर आक्रमण करने से तुर्क नौसेना द्वारा हार का सामना करना पड़ा। इसके बाद मुग़ल-पुर्तगाली गठबंधन को भी धक्का पहुँचा क्योंकि मुग़ल जागीरदारों द्वारा जंज़ीरा में पुर्तगालियों पर लगातार दबाव डाला जा रहा था।

प्रमुख विद्रोह: उज़बेगों का विद्रोह, बंगाल एवं बिहार में विद्रोह, अफ़ग़ान ब्लूचियों का विद्रोह, सलीम का विद्रोह (सन् 1564 ई.- सन् 1605 ई.)

उज़बेगों का विद्रोह

अकबर के पुराने सम्मानित लोगों के बीच उज़बेगों का एक मजबूत वर्ग था। उजबेग के इस वर्ग में पुराने अमीर थे। यह अफगानिस्तान से सम्बन्धित थे। इस वर्ग के प्रमुख विद्रोही नेता थे- जौनपुर के सरदार ख़ान जमान, उसका भाई बहादुर ख़ाँ एवं चाचा इब्राहीम ख़ाँ, मालवा का सूबेदार अब्दुल्ला ख़ाँ, अवध का सूबेदार ख़ाने आलम आदि।

उजबेग शक्तिशाली और महत्वाकांक्षी रईस थे और अकबर द्वारा प्रशासन के केंद्रीकरण को नापसंद करते थे। उन्हें एक और शिकायत थी कि अकबर ने उनकी सेवाओं के लिए उन्हें अच्छी तरह से पुरस्कृत नहीं किया। यह सभी विद्रोही सरदार अकबर की अधीनता स्वीकार करने के लिए तैयार नहीं थे।

उनके असंतोष का परिणाम **सन् 1564 ई.** में मालवा के सूबेदार अब्दुल्ला खान द्वारा खुले विद्रोह के रूप में हुआ। यह विद्रोह अकबर के समय का पहला विद्रोह था। इन विद्रोहों को अकबर ने बड़ी सरलता से दबा लिया। उन्हें गुजरात में शरण लेने के लिए मजबूर होना पड़ा।

उज़बेगों के अन्य नेताओं ने भी पूर्व में **सन् 1564 ई.** में विद्रोह किया और **सन् 1567 ई.।** तक सम्राट का विरोध जारी रखा लेकिन आखिरकार सभी को वश में कर लिया गया। **सन् 1565 ई.** में जौनपुर के खान जमान एवं उसके भाई बहादुर खाँ ने विद्रोह किया इसे भी कुचल दिया गया।

मिर्ज़ा वर्ग का विद्रोह

मिर्ज़ा शाही परिवार का हिस्सा थे और मिर्ज़ा वर्ग के यह सभी लोग अकबर के रक्त रिश्तेदार थे। इस वर्ग के प्रमुख विद्रोही नेता थे- इब्राहिम मिर्ज़ा, मुहम्मद हुसैन मिर्ज़ा, मसूद हुसैन, सिकन्दर मिर्ज़ा एवं महमूद मिर्ज़ा आदि। चूंकि इस वर्ग का अकबर से खून का रिश्ता था इसलिए यह विशिष्ट अधिकार की अपेक्षा करते थे।

शाही परिवार के सदस्य होने के नाते, उन्होंने सम्राट से सर्वश्रेष्ठ पुरस्कारों की इच्छा की। जिसे विफल करते हुए, उन्होंने अपने उपजे असंतोष के कारण उस अवधि के दौरान इस वर्ग

ने यानि इब्राहिम मिर्जा, मुहम्मद हुसेन मिर्जा ने उसी समय विद्रोह किया,जब उज़बेगों ने अकबर के ख़िलाफ़ विद्रोह किया था।

वे सभी पराजित हुए और अकबर ने उन्हें गुजरात में शरण लेने के लिए मजबूर कर दिया। आखिरकार जब अकबर ने **सन् 1573 ई.**में गुजरात में विद्रोह को दबा दिया तब उन्हें भी वश में कर लिया गया।

बंगाल एवं बिहार में विद्रोह

सन् 1580 ई.में बंगाल में बाबा खाँ काकाशाल ने विद्रोह किया जबकि बिहार में मुहम्मद मासूम काबुली ने एवं अरब बहादुर ने अकबर के खिलाफ विद्रोह किया। **सन् 1581 ई.**तक इन विद्रोहों को समाप्त कर दिया गया। वे स्थानीय राज्यपालों की दमनकारी नीति से असंतुष्ट थे और उनके खिलाफ सामान्य कारण बना।

उन्होंने छल से बंगाल के गवर्नर मुजफ्फर खान को मार डाला और बंगाल और बिहार के पूरे क्षेत्र पर क़ब्ज़ा कर लिया। राजा टोडरमल के नेतृत्व में अकबर की सेना ने **सन् 1581 ई.में** विद्रोह को कुचला। अधिकांश विद्रोही या तो मारे गए या उन प्रांतों को छोड़ने के लिए मजबूर हो गए जिन्हें मुग़ल सम्राट को बहाल कर दिया गया था।

अफ़ग़ान बलूचियों का विद्रोह

अकबर के कश्मीर अभियान के समय **सन् 1585 ई.**में पश्चिमोत्तर सीमा पर अफ़ग़ान और बलूचों की आक्रामक गतिविधियों के कारण स्थिति अत्यंत गंभीर हो गई थी। उन्होंने उस समय विद्रोह कर दिया जब अकबर ने कश्मीर को जीतने की योजना बनाई।

अकबर ने अफ़गानिस्तान से भारत जाने वाले मार्ग को अवरुद्ध कर दिया। अकबर ने जैल ख़ान कोकलताश के नेतृत्व में इनसे निपटने हेतु सेना भेजी। बीरबल और हाकिम अब्दुल फ़तह भी बाद में उसकी सहायता के लिए नियुक्त किए गये।

अभियान के दौरान मतभेद होने के कारण वापस लौटते हुए यूसुफ़जइयों ने पीछे से हमला किया। इसी हमले में बीरबल की मृत्यु हो गई , तब इस विद्रोह को कुचलने का कार्य टोडरमल एवं मानसिंह ने किया। उन्होंने जैल खान को पीछे हटने के लिए मजबूर कर दिया।

हालांकि राजा टोडरमल कई बार उन्हें हराने में सफल रहा और राजा मान सिंह ने आखिरकार उनसे खैबर दर्रा बरामद कर लिया। इससे उनका विद्रोह समाप्त हो गया। उत्तर-पश्चिम सीमा प्रांत की समस्याओं ने अकबर को अन्त तक प्रभावित किया।

सलीम का विद्रोह

अकबर के लाड़-प्यार में पला सलीम (जहाँगीर) काफ़ी बिगड़ चुका था। वह बादशाह बनने के लिए उत्सुक था। अकबर लंबे समय तक जीवित रहा जिसने राजकुमार सलीम को सिंहासन

पर क़ब्ज़ा करने के लिए और अधीर बना दिया जिसके परिणामस्वरूप बाद के समय में अकबर के शासन में उसका विद्रोह हुआ।

अकबर ने **50** वर्ष तक शासन किया था। उस दीर्घ काल में मानसिंह और रहीम के अतिरिक्त उसके सभी विश्वसनीय सरदार–सामंतों का देहांत हो गया था। अबुल फ़ज़ल, बीरबल, टोडरमल, पृथ्वीराज जैसे प्रिय दरबारी परलोक जा चुके थे।

अकबर के दोनों छोटे पुत्र मुराद और शहज़ादा दानियाल का देहांत हो चुका था। पुत्र सलीम (बाद में मुग़ल बादशाह जहाँगीर) शेष था किंतु वह अपने पिता के विरुद्ध सदैव षड्यंत्र और विद्रोह करता रहा था। जब तक अकबर जीवित रहा तब तक सलीम अपने दुष्कृत्यों से उसे दु:खी करता रहा; किंतु अकबर सदैव सलीम के अपराधों को क्षमा करता रहा और उसे ज़्यादा कुछ कहा नहीं।

सलीम अजमेर का गवर्नर था। उसने अपना काम छोड़ दिया और **सन् 1599 ई.** में सम्राट अकबर की अनुमति के बिना अजमेर से इलाहाबाद चला गया। वहाँ उसने एक स्वतंत्र शासक के रूप में व्यवहार करना शुरू कर दिया। उस समय अकबर असीरगढ़ की घेराबंदी में व्यस्त था।

अकबर ने उदासीनता से अपने बेटे का विद्रोह अनदेखा कर दिया और व्यक्तिगत प्रयासों के माध्यम से तथा अपने तरीके से स्थिति को संभालने का प्रयास भी किया। वह **सन् 1602 ई.** में अपनी राजधानी लौटकर उसने राजकुमार को समझाने के लिए विभिन्न माध्यमों से कोशिश की। अकबर ने सलीम को समझाने का प्रयत्न किया।

अकबर ने सलीम को दोस्ताना सलाह देने हेतु और उसे समझाने के लिए दक्षिण से अबुल फ़ज़ल को बुलाया। **सन् 1602 ई.** में रास्ते में जहाँगीर के निर्देश पर ओरछा के बुंदेला सरदार वीर सिंह देव ने अबुल फ़ज़ल की हत्या कर दी थी। हालाँकि जहाँगीर का यह कार्य अकबर के लिए असहनीय था और इससे अकबर काफ़ी नाराज हो गया था।

अब अकबर ने राजकुमार सलीम को दंडित करने का फैसला लिया। तब सलीमा बेगम इलाहाबाद चली गईं और उन्होंने सलीम को बादशाह से क्षमा माँगने के लिए मना लिया। राजकुमार सलीम को अपने प्रयासों की निरर्थकता का एहसास हुआ। **सन् 1603 ई.** में सलीम ने आगरा वापस लौटकर अकबर से क्षमा माँगी।

अकबर ने सलीम के माफ़ी मांग लेने पर उसे माफ़ कर दिया। अकबर ने उसे मेवाड़ को दबाने के लिए और जीतने के लिए उसे प्रतिनिधि के रूप में नियुक्त किया पर वह मेवाड़ न जाकर पुन: इलाहाबाद पहुँच गया। वहाँ उन्होंने खुद को भोग-विलास में व्यस्त कर लिया।

अकबर अपने बेटे के व्यवहार से बहुत असंतुष्ट था लेकिन जैसा कि उसके बेटे मुराद और दानियाल की मृत्यु हो गई थी। उसके पास सलीम को बर्दाश्त करने के अलावा और कोई

विकल्प नहीं था। **सन् 1604 ई.** में सलीम अपनी दादी की मृत्यु पर वापस आगरा आया।

इस बार अकबर ने उसे एक बार फिर से क्षमा कर दिया और अपनी मृत्यु(**सन् 1605 ई.**) तक उसे अपने पास रखा। इसके बाद सलीम ने विद्रोहात्मक रुख नहीं अपनाया। इस प्रकार अकबर के शासनकाल के दौरान विभिन्न विद्रोह हुए लेकिन उनमें से कोई भी राज्य के मामलों को गंभीर रूप से क्षति पहुंचाने में सफल नहीं हुआ।

प्रमुख विजय अभियान

जलालुद्दीन मुहम्मद अकबर भारत का महानतम मुग़ल बादशाह था। जिसने मुग़ल शक्ति का भारतीय उपमहाद्वीप के अधिकांश हिस्सों में विस्तार किया। अकबर को अकबर-ए-आज़म, शहंशाह अकबर तथा महाबली शहंशाह के नाम से भी जाना जाता है।

अकबर ऐसे राजा थे जिन्होंने पूरे भारत पर राज्य करने की चाह रखी और उन्होंने उस पर अमल भी किया। अकबर ने साम्राज्य-विस्तार के लिए सैन्य अभियान प्रारम्भ किए । उधर राजस्थान के राजपूत शासक अपने पराक्रम, आत्मसम्मान एवं स्वतन्त्रता के लिए प्रसिद्ध थे।

अकबर ने राजपूतों के प्रति विशेष नीति अपनाते हुए उन राजपूत शासकों से मित्रता एवं वैवाहिक सम्बन्ध स्थापित किए जिन्होंने उसकी अधीनता स्वीकार कर ली। जिन्होंने अधीनता स्वीकार नहीं की, उनसे युद्ध के द्वारा अधीनता स्वीकार करवाने का प्रयत्न किया।

दिल्ली - आगरा विजय

अकबर के सम्राट की राजगद्दी पर बैठने के बाद दिल्ली-आगरा पर क़ब्ज़ा करना उनकी पहली विजय थी। यह उनके राज्य विस्तार का पहला युद्ध था जिसे 'पानीपत का युद्ध' के नाम से जाना गया। अकबर और हेमू के बीच में यह युद्ध हुआ था।

गुजरात पर विजय

मुजफ्फर शाह के एक सरदार इत्माद खां ने अकबर को गुजरात में हस्तक्षेप करने को प्रोत्साहित किया, अत: अकबर ने **सन् 1572 ई.** में आक्रमण किया। प्रारम्भ में अकबर ने स्वयं गुजरात विजय का नेतृत्व किया। गुजरात पर अधिकार करने के बाद अकबर मिर्ज़ा अजीज कोका को गुजरात का गवर्नर नियुक्त कर स्वयं वापस आ गया।

गुजरात में ही अकबर सर्वप्रथम पुर्तगालियों से मिला और कैम्बे में समुद्र को देखा। बाद में अकबर वापस लौट गया। अकबर के लौटते ही इसी बीच गुजरात में पुन: विद्रोह हो गया। उसे सूचना मिली कि गुजरात के मुहम्मद हुसैन मिर्जा ने विद्रोह कर दिया है।

अकबर ने बहुत तीव्र गति से आकर **सन् 1573 ई.** में इस विद्रोह को कुचल दिया। अकबर के इस तीव्र अभियान के बारे में स्मिथ ने लिखा है कि यह **"संसार के इतिहास का सर्वाधिक दुतगामी आक्रमण था"**। इस विद्रोह को कुचलने का कार्य **सन् 1584 ई.** में अब्दुल रहीम ने किया। इसी समय अकबर ने उसे खानखाना की उपाधि प्रदान की।

सन् 1584 ई. में अकबर ने इसे अपने साम्राज्य में मिला लिया। गुजरात पर अधिकार से अकबर के राज्य की सम्पन्नता में वृद्धि हुई और दक्षिण अभियान के लिए केन्द्र मिल गया। यहीं राजा टोडरमल ने प्रथम बार राजस्व व्यवस्था का प्रयोग किया।

बंगाल पर विजय

गुजरात पर क़ब्ज़ा करने के बाद एक बार पुन: अकबर बंगाल की ओर बढ़ा उस दौरान वहाँ का शासक सुलेमान था। सुलेमान ने डर से ही अकबर की अधीनता स्वीकार ली। दाऊद खां बंगाल का अफगानी शासक सुलेमान का पुत्र था।

बंगाल में **सन् 1572 ई.** में दाऊद खां सिंहासन पर बैठा। वह एक साहसी तथा वीर युवक था। उसने अकबर की अधीनता स्वीकार नहीं की। उसे अफ़ग़ान शक्ति पर पूरा विश्वास था। **सन् 1574 ई.** में सुलेमान के पुत्र दाऊद खां ने स्वतंत्र राज्य की घोषणा कर दी।

जब उसने अकबर के अधीन एक दुर्ग पर आक्रमण किया और जौनपुर के राज्यपाल को पराजित किया तब पहले राजा टोडरमल ने और फिर मानसिंह ने आक्रमण करके उसे पराजित किया। अफ़ग़ानों ने दाऊद खां का साथ नहीं दिया, अत: **सन् 1576-92 ई.** में बंगाल को भी मुग़ल साम्राज्य का अंग बना लिया।

मालवा विजय

अधम खां, पीर मुहम्मद एवं अकबर के बीच यह युद्ध हुआ जिसमें अकबर की जीत हुई। यह अकबर की पहली विजय थी। मालवा के शासक बाज बहादुर को **सन् 1561 ई.** में अधम ख़ाँ के नेतृत्व में मुग़ल सेना ने हरा दिया। **29 मार्च, सन् 1561 ई.** को मालवा की राजधानी 'सारंगपुर' पर मुग़ल सेनाओं ने अधिकार कर लिया।

मालवा के शासक बाज बहादुर ललित कलाओं (विशेषकर नृत्य और संगीत) के शौक़ीन थे। वह राज्य के मामलों के प्रति उपेक्षा का भाव रखता था । मालवा को जीतने के लिए अकबर ने अधम खान को आदेश दिया। बाज बहादुर ने अपनी राजधानी सारंगपुर से बीस मील आगे मुग़ल सेना का सामना किया, लेकिन वह हार गया और भाग निकला।

अधम खान ने सभी चांदी और हरम की महिलाओं पर क़ब्ज़ा कर लिया लेकिन रूप मोती ने क़ब्ज़ा करने से पहले जहर खाकर आत्महत्या कर ली। अधम ख़ाँ ने अपने कब्ज़े में आए हुए अधिकांश चांदी को अपने पास रख लिया जिससे अकबर असंतुष्ट था। जिसके कारण अधम खां को सारंगपुर ले गया।

अधम खान ने दया की याचना की अकबर ने उसे माफी दी और राज्यपाल के रूप में जारी रखने की अनुमति भी दी। **सन् 1562 ई.में पीर मुहम्मद को मालवा का गवर्नर नियुक्त किया गया।** वह अपनी प्रजा के लिए अत्याचारी सिद्ध हुआ।

बाज बहादुर ने दक्षिण भारत के कुछ शासकों की मदद ली और मालवा पर हमला किया। पीर मुहम्मद उसके खिलाफ लड़ने गए थे लेकिन हार गए थे। वह बचने के लिए लौटते समय नर्मदा नदी में डूब गया। बाज बहादुर ने मालवा पर क़ब्ज़ा कर लिया लेकिन उसकी सफलता अल्पकालिक रही।

अकबर ने अब्दुल्ला खान उज़बेग को मालवा को वापस मुग़ल साम्राज्य में मिलाने के लिए भेजा। मुग़ल मालवा को पुन: प्राप्त करने में सफल रहा। बाज बहादुर फिर से भाग गया और एक भगोड़े की ज़िन्दगी गुजारने के बाद उसने अकबर की सेवा करना स्वीकार कर लिया।

गोंड़वाना पर विजय

यह युद्ध वीर नारायण और अकबर के बीच हुआ, जिसमें अकबर को जीत मिली। गोंड़वाना राज्य की शासिका महोबा की चन्देल राजकुमारी रानी दुर्गवती थी। यह अपने अल्प वयस्क पुत्र वीर नारायण की संरक्षिका थी। अकबर ने गोंड़वाना विजय करने के बाद चन्द्र शाह को यह राज्य वापस कर दिया।

गोंड़वाना की राजधानी चौरागढ़ थी। गोंड़वाना में महोबा की चंदेल रानी दुर्गावती का राज्य था। अबुल फ़ज़ल ने उसके प्रशासन, चरित्र, वीरता की भूरि-भूरि प्रशंसा की है। इस पर अकबर और कड़ा के राज्यपाल आसफ खां ने अकारण ही आक्रमण किया।

गोंड़वाना राज्य का विस्तार पूर्व में रतनपुर से लेकर पश्चिम में रायसीन तक और उत्तर में रीवा से लेकर दक्षिण की सीमाओं तक था। उस समय इसके शासक वीर नारायण थे, परन्तु इसकी वास्तविक शासक उनकी माता रानी दुर्गावती थीं।

दुर्गावती एक बहादुर और सफल शासक थी। उसने अकबर के प्रति कोई अपराध नहीं किया था। गोंड़वाना पर हमले का कारण पूरी तरह से अकबर की साम्राज्यवादी मानसिकता थी, जिसके कारण **सन् 1564 ई. में** इस कार्य पर आसफ खान की प्रतिनियुक्ति की थी और वीर नारायण और दुर्गावती ने नरही में मुग़लों का सामना किया था।

वीर नारायण घायल हो गए थे और चौरागढ़ के किले में सुरक्षा के लिए वापस जाने के लिए बाध्य थे। रानी दुर्गावती भी अगले दिन घायल हो गई थी और दुश्मन द्वारा पकड़े जाने के बजाय खुद को मारना पसंद किया था।

मुग़ल सेना ने फिर चौरागढ़ पर आक्रमण किया। वीर नारायण बहादुरी से लड़े लेकिन लड़ते-लड़ते मर गए और किले पर मुग़लों ने क़ब्ज़ा कर लिया। इसके बाद गोंड़वाना पर मुग़ल साम्राज्य द्वारा क़ब्ज़ा कर लिया गया।

मेवाड़ विजय

सन् 1567 ई. में मेवाड़ में चित्तौड़ के शासक राणा उदयसिंह पर अकबर ने आक्रमण किया तथा अंततोगत्वा उस पर अधिकार कर लिया। मेवाड़ पर आक्रमण का नेतृत्व स्वयं अकबर ने किया। उदयसिंह ने किले की सुरक्षा का भार अपने दो सेनापतियों जयमल एवं फत्ता (फतेह सिंह) को सौंप दिया और स्वयं समीप की पहाड़ियों में चला गया।

अकबर ने मेवाड़ आक्रमण के दौरान **30,000** राजपूतों का कत्ल करवा दिया। इस कलंक को मिटाने के लिए उसने आगरा के किले के दरवाजे पर जयमल एवं फत्ता की वीरता की स्मृति में उनकी प्रस्तर मूर्तियां स्थापित करवाईं।

उदयसिंह के बाद महाराणा प्रताप ने अकबर का विरोध जारी रखा। अकबर ने अपने दो सेनापतियों मानसिंह एवं आसफ खाँ को भेजा। फलस्वरूप हल्दीघाटी का प्रसिद्ध युद्ध हुआ।

चित्तौड़ विजय

अकबर ने अपनी कुशल नीति के द्वारा अधिकांश राजपूतों को अपने पक्ष में कर लिया था। अब वह राणा की स्वतंत्रता, प्रमुखता, श्रेष्ठता को कैसे सहन कर सकता था। अत: उसने सोचा कि राणा स्वयं नहीं झुका तो उसे आक्रमण से झुकाना चाहिए। अकबर ने **सन् 1576 ई.** में हल्दीघाटी में राणा को विशाल सेना के द्वारा घेर लिया।

भीषण संग्राम के पश्चात युद्ध कौशल का परिचय देते हुये प्रताप युद्ध भूमि से चले गये। भीषण कष्टों का सामना करते हुए उन्होंने निरंतर संघर्ष किए परन्तु पराजय स्वीकार नहीं की। राणा प्रताप ने अकबर को अनेक स्थानों पर पराजित करके खोये हुये किलों को वापस लेना प्रारम्भ कर दिया।

केवल दो किलो को छोड़कर सभी स्थानों से अकबर की सेनाओं को खदेड़ दिया गया। यह युद्ध अरावली घाटी के पास एक घाटी में लड़ा गया चूँकि यहाँ की भूमि पीली थी इसी कारण इसे हल्दी घाटी के नाम से जाना जाता है। यद्यपि इस युद्ध में राणा प्रताप की पराजय हुई परन्तु मानसिंह इसे पूरी तरह नहीं जीत सका।

राणा प्रताप बगल में चांवण नामक स्थान पर चले गये और उसे अपनी राजधानी बनाया। वहीं पर धनुष प्रत्यंचा चढ़ाते समय चोट लगने के कारण **सन् 1597 ई.** में उनकी मृत्यु हो गई। उनकी मृत्यु के बाद उनके पुत्र अमर सिंह ने युद्ध जारी रखा।

इस तरह अकबर मेवाड़ पर पूर्ण विजय न प्राप्त कर सका। अकबर राणा प्रताप के जीवित रहते मेवाड़ में कुछ नहीं कर सका और न राणा प्रताप को पकड़ सका न ही अधीन बना सका। इस नीति से मुग़ल साम्राज्य की आर्थिक दशा पर बुरा प्रभाव पड़ा। राणा प्रताप की मृत्यु और स्वयं अकबर की मृत्यु तक मुग़ल मेवाड़ में कुछ न कर सके। मेवाड़ स्वतंत्र बना रहा।

हल्दीघाटी के युद्ध का विस्तृत वर्णन

हल्दीघाटी का युद्ध 18 जून, सन् 1576 ई.को मेवाड़ के महाराणा प्रताप का समर्थन करने वाले घुड़सवारों और धनुर्धारियों और मुग़ल सम्राट अकबर की सेना के बीच लड़ा गया था। जिसका नेतृत्व आमेर के राजा मान सिंह प्रथम ने किया था। इस युद्ध में महाराणा प्रताप को मुख्य रूप से भील जनजाति का सहयोग मिला।

सन् 1568 ई.में चित्तौड़गढ़ की विकट घेराबंदी ने मेवाड़ की उपजाऊ पूर्वी बेल्ट को मुग़लों को दे दिया था। हालाँकि बाकी जंगल और पहाड़ी राज्य अभी भी राणा के नियंत्रण में थे। मेवाड़ के माध्यम से अकबर गुजरात के लिए एक स्थिर मार्ग हासिल करने पर आमादा था। जब सन् 1572 ई.में प्रताप सिंह को राजा का ताज पहनाया गया तो अकबर ने महाराणा प्रताप को इस क्षेत्र के कई अन्य राजपूत नेताओं की तरह एक जागीरदार बनाने के लिए कई दूतों को भेजा।

जब महाराणा प्रताप ने अकबर को व्यक्तिगत रूप से प्रस्तुत करने से इनकार कर दिया तो युद्ध अपरिहार्य हो गया। लड़ाई का स्थल राजस्थान के गोगुंदा के पास हल्दीघाटी में एक संकरा पहाड़ी दर्रा था। महाराणा प्रताप ने लगभग 3,000 घुड़सवारों और 400 भील धनुर्धारियों की सेना को मैदान में उतारा।

मुग़लों का नेतृत्व आमेर के राजा मान सिंह ने किया था। जिन्होंने लगभग 5,000-10,000 लोगों की सेना की कमान संभाली थी। तीन घंटे से अधिक समय तक चले भयंकर युद्ध के बाद, महाराणा प्रताप ने खुद को जख्मी पाया जबकि उनके कुछ लोगों ने उन्हें समय निकला, वे पहाड़ियों से भागने में सफल रहे और एक और दिन लड़ने के लिए जीवित रहे।

मेवाड़ के घायल सैनिकों की संख्या लगभग 1,600 पुरुषों की थी। मुग़ल सेना ने 150 लोगों को खो दिया था और 350 अन्य युद्ध में घायल हो गए। इसका कोई नतीजा नहीं निकला जबकि मुग़ल गोगुन्दा और आस-पास के क्षेत्रों पर क़ब्ज़ा करने में सक्षम थे लेकिन वे लंबे समय तक उन पर पकड़ बनाने में असमर्थ सिद्ध हुए। जैसे ही साम्राज्य का ध्यान कहीं और स्थानांतरित हुआ, महाराणा प्रताप और उनकी सेना बाहर आ गई और मुग़लों के प्रभुत्व में आने वाले पश्चिमी क्षेत्रों को अपने अधिकार में कर लिया।

पृष्ठभूमि

सिंहासन मिलने के बाद, अकबर ने मेवाड़ इकलौते अपवाद को छोड़कर बाकी राजस्थान में अग्रणी राज्य के रूप में स्वीकार किए जाने के साथ ही अधिकांश राजपूत राज्यों के साथ अपने रिश्ते को स्थिर कर लिया था। मेवाड़ के महाराणा प्रताप जो प्रतिष्ठित सिसोदिया कबीले के प्रमुख भी थे, उन्होंने मुग़ल साम्राज्य के सामने प्रस्तुत होने से इनकार कर दिया था।

इसने **सन् 1568 ई.** में उदय सिंह द्वितीय के शासनकाल के दौरान चित्तौड़गढ़ की घेराबंदी की थी, मेवाड़ के पूर्वी भाग में मुग़लों के लिए उपजाऊ क्षेत्र के एक विशाल क्षेत्र के नुकसान के साथ यह समाप्त हुआ। जब राणा प्रताप ने अपने पिता को मेवाड़ के सिंहासन पर बैठाया तो अकबर ने उनके लिए राजनयिक दूतावासों की एक श्रृंखला भेजी, जिसमें राजपूत राजा को अपना जागीरदार बनाने का प्रस्ताव दिया।

इस लंबे समय के मुद्दे को हल करने की उनकी इच्छा के अलावा अकबर गुजरात के साथ संचार की सुरक्षित लाइनों मेवाड़ के जंगली और पहाड़ी इलाकों को अपने नियंत्रण में चाहता था। पहला दूत अकबर का एक पसंदीदा नौकर जलाल खान कुरची था, जो अपने मिशन में असफल सिद्ध हुआ था।

इसके बाद अकबर ने कच्छवा वंश के साथी राजपूत अम्बर (बाद में, जयपुर) को भेजा, जिसकी किस्मत मुग़लों के अधीन थी। लेकिन वह भी प्रताप को समझाने में नाकाम रहे। राजा भगवंत दास अकबर की तीसरी पसंद थे और उन्होंने अपने पूर्ववर्तियों से बेहतर प्रदर्शन किया।

महाराणा प्रताप को अकबर द्वारा प्रस्तुत एक रौब दान करने के लिए पर्याप्त रूप से भेजा गया था और अपने युवा बेटे अमर सिंह को मुग़ल दरबार में भेजा था। हालांकि यह अकबर द्वारा असंतोषजनक माना गया था, जो चाहते थे कि राणा उन्हें खुद व्यक्तिगत रूप से प्रस्तुत करें। एक अंतिम दूत टोडरमल को बिना किसी अनुकूल परिणाम के मेवाड़ भेज दिया गया। प्रयास विफल होने के साथ ही युद्ध तय था।

प्रस्तावना

कुंभलगढ़ के प्रस्तर किले में सुरक्षित महाराणा प्रताप ने उदयपुर के पास गोगुंदा शहर में अपना आधार स्थापित किया। अकबर ने अपने कबीले के वंशानुगत विरोधी मेवाड़ के सिसोदिया के साथ युद्ध करने के लिए कछवा मान सिंह की प्रतिनियुक्ति की। मान सिंह ने मांडलगढ़ में अपना आधार स्थापित किया, जहाँ उन्होंने अपनी सेना जुटाई और गोगुन्दा के लिए प्रस्थान किया।

गोगुन्दा के उत्तर में लगभग **14 मील (23 किमी)** की दूरी पर खमनोर गाँव स्थित है, जिसकी चट्टानों के लिए "हल्दीघाटी" नामक अरावली पर्वतमाला के एक भाग से गोगुन्दा को अलग किया गया था। जिसे कुचलने पर हल्दी पाउडर (हल्दी) जैसा दिखने वाला एक चमकदार पीला रंग का उत्पादन होता था।

मान सिंह के आंदोलनों से अवगत महाराणा, मान सिंह और उसकी सेनाओं की प्रतीक्षा में हल्दीघाटी दर्रे के प्रवेश पर तैनात था। युद्ध 18 जून, सन् 1576 ई.को सूर्योदय के तीन घंटे बाद शुरू हुआ।

सेना की ताकत

मेवाड़ी परंपरा और कविताओं के अनुसार राणा की सेना की संख्या 20,000 थी, जिसे मान सिंह की 80,000 मजबूत सेना के खिलाफ खड़ा किया गया था। हालांकि जदुनाथ सरकार इन संख्याओं के अनुपात से सहमत हैं लेकिन उनका मानना है कि मान सिंह के युद्ध हाथी पर कूदते हुए महाराणा प्रताप के घोड़े चेतक की लोकप्रिय कहानी के रूप में अतिरंजित है।

सतीश चंद्र का अनुमान है कि मान सिंह की सेना में 5,000-10,000 पुरुष शामिल थे, जिसमें मुग़ल और राजपूत दोनों शामिल थे। दोनों पक्षों के पास युद्ध के हाथी थे लेकिन राजपूतों के पास कोई गोला-बारूद या तोपे नहीं थी। मुग़लों ने बिना पहिये के तोपखाने या भारी आयुध का मैदान नहीं बनाया बल्कि कई कस्तूरी को रोजगार दिया।

सेना का गठन

महाराणा प्रताप ने अपनी सेना का गठन अनुमानित 400 भील धनुर्धारियों की सेना, प्रमुख पानरवा के सोलंकी ठाकुर राणा पूंजा ने 800 मजबूत वैन की कमान, हकीम खान सूर ने अपने अफ़गानों के साथ, दोदिया के भीम सिंह और रामदास राठौड़ के साथ की थी। लगभग 500 मजबूत सैनिक दाहिनी ओर थे और उनका नेतृत्व ग्वालियर के पूर्व राजा रामशाह तंवर व उनके तीन पुत्रों के साथ मंत्री भामाशाह और उनके भाई ताराचंद ने किया था।

अनुमान लगाया जाता है कि बायीं गुट में 400 योद्धा थे, जिनमें बिदा झाला और उनके वंशज शामिल थे। केंद्र में प्रताप ने अपने घोड़े के साथ लगभग 1,300 सैनिकों का नेतृत्व किया। बांड्स, पुजारी और अन्य नागरिक भी सैन्य-गठन का हिस्सा थे और लड़ाई में भाग लिया था। भील गेंदबाजों को पीछे लगाया गया था।

मुग़लों ने 85 पंक्तियों के एक दल को अग्रिम पंक्ति में रखा, जिसका नेतृत्व बरहा के सैय्यद हाशिम ने किया। उनके बाद मोहरा था, जिसमें जगन्नाथ के नेतृत्व वाले कच्छावा राजपूतों के पूरक और बख्शी अली आसफ खान के नेतृत्व वाले मध्य एशियाई मुग़लों का समावेश था। माधोसिंह कच्छवाह के नेतृत्व में एक बड़ा अग्रिम रिज़र्व आया, जिसके बाद मान सिंह खुद केंद्र के साथ थे।

मुग़ल सेना की बायीं टुकड़ी की कमान बदख्शां के मुल्ला काजी खान (जिसे बाद में गाजी खान के नाम से जाना जाता था) और सांभर के राव लूणकरण ने संभाली थी और इसमें फतेहपुर सीकरी के शेखजादों, सलीम चिश्ती के रिश्तेदारों को शामिल किया था। साम्राज्यवादी ताकतों

का सबसे मजबूत घटक निर्णायक दाहिनी टुकड़ी में तैनात था, जिसमें बरहा के सैय्यद शामिल थे। अंत में मुख्य सेना के पीछे मिहिर खाँ के पीछे का पहरा अच्छी तरह से खड़ा था।

युद्ध

दोनों सेनाओं के बीच असमानता के कारण राणा ने मुग़लों पर एक पूर्ण ललाट हमला करने का विकल्प चुना, जिससे उनके बहुत से लोग मारे गए। हताश प्रभारी ने शुरू में लाभांश का भुगतान किया। हकीम खान सूर और रामदास राठौर मुग़ल झड़पों के माध्यम से भाग गए और मोहरा पर गिर गए, जबकि राम साह तोवर और भामाशाह ने मुग़ल सेना की बायीं पर कहर बरपाया, जो भागने के लिए मजबूर हो गये थे।

उन्होंने अपनी दाहिनी टुकड़ी की शरण ली, जिस पर बिदा झल्ला का भी भारी दबाव था। मुल्ला काज़ी ख़ान और फ़तेहपुरी शेखज़ादों के कप्तान दोनों घायल हो गए लेकिन सैय्यद बरहा ने मजबूती से काम किया और माधोसिंह के अग्रिम भंडारण के लिए पर्याप्त समय अर्जित किया। मुग़ल सेना की बायीं टुकड़ी को हटाने के बाद राम साह तोवर ने प्रताप से जुड़ने के लिए खुद को केंद्र की ओर बढ़ाया।

जगन्नाथ कच्छावा द्वारा मारे जाने तक वह प्रताप को सफलतापूर्वक बचाए रखने में सक्षम थे। जल्द ही मुग़ल वैन जो बुरी तरह से दबाया जा रहा था, माधो सिंह के आगमन से उबर गया था, जो कि बायीं ओर की सैन्य टुकड़ी के सैनिकों ने द्वारा सम्भव हुआ था और सामने से सैय्यद हाशिम के झड़पों के अवशेष थे। इस बीच दोनों केंद्र आपस में भिड़ गए थे और मेवाड़ी प्रभारी की गति बढ़ने के कारण लड़ाई और अधिक पारंपरिक हो गई थी।

राणा सीधे तौर पर मान सिंह से भिड़ने में असमर्थ थे और उन्हें माधोसिंह कच्छवाह के खिलाफ खड़ा किया गया था। दोडिया कबीले के नेता भीम सिंह ने मुग़ल हाथी पर चढ़ने की कोशिश की परंतु अपनी जान गवा बैठे। गतिरोध को तोड़ने और गति को प्राप्त करने के लिए महाराणा ने अपने पुरस्कार हाथी "लोना" को मैदान में लाने का आदेश दिया।

मानसिंह ने जवाबी हमले के लिए गजमुक्ता को भेजा ताकि लोना का सिर काट दिया जा सके। मैदान पर मौजूद लोग चारों ओर फिंक गए क्योंकि दो पहाड़ जैसे जानवर आपस में भिड़ गए थे। जब महावत को गोली लगने से वह जख्मी हुआ तो लोना को ऊपरी हाथ दिखाई दिया और उसे वापस जाना पड़ा।

अकबर के दरबार में स्तुति करने वाले 'राम प्रसाद' नामक एक हाथी को लोना को भ्रमित करने के लिए भेज दिया गया। दो शाही हाथी 'गजराज' और 'रण-मदार', घायल गजमुक्ता को राहत देने के लिए भेजे गए, और उन्होंने राम प्रसाद पर आरोप लगाए।

इस बार एक तीर से राम प्रसाद का महावत भी घायल हो गया था और वह अपने माउंट से गिर गया। मुग़ल फ़ौजदार हुसैन खान, राम प्रसाद पर अपने ही हाथी से छलांग लगाते हैं और

दुश्मन जानवर को मुग़ल पुरस्कार देते हैं। अपने युद्ध के हाथियों के नुकसान के साथ, मुग़ल मेवाड़ियों पर तीन तरफ से दबाव बनाने में सक्षम रहे और जल्द ही राजपूत नेता एक-एक करके गिरने लगे।

लड़ाई का ज्वार अब मुग़लों की ओर झुकने लगा और राणा प्रताप ने जल्द ही खुद को तीर और भाले से घायल पाया। यह महसूस करते हुए कि अब हार निश्चित है बिदा झल्ला ने अपने सेनापति से शाही छत्र जब्त कर लिया और खुद को राणा होने का दावा करते हुए मैदान में टिके रहे।

उनके बलिदान के कारण घायल प्रताप और करीब 1,800 राजपूत युद्ध भूमि से भागने में सफल रहे। राजपूतों की वीरता और पहाड़ियों में घात के डर का मतलब था कि मुग़लों ने पीछा नहीं छोड़ा और इस कारण प्रताप सिंह को पर्वतों पर छिपने का मौका मिल गया। तीन घंटे की लड़ाई के बाद रामदास राठौर मैदान पर मारे गए लोगों में से एक थे।

राम साह तोवर के तीन बेटे- सलिवाहन, बहन, और प्रताप तोवर अपने पिता के साथ मृत्यु को प्राप्त हुए। मेवाड़ी सेना के लगभग 1,600 सैनिकों की मृत्यु हो गई, जबकि मुग़ल सेना के करीब 150 सिपाही मारे गए और 350 घायल हुए। दोनों तरफ राजपूत सैनिक थे।

इस भीषण युद्ध में एक बार बदायूंनी ने आसफ खान से पूछा कि मैत्रीपूर्ण और दुश्मन राजपूतों के बीच अंतर कैसे किया जाए। आसफ खान ने जवाब दिया, "जिसको भी आप पसंद करते हैं, जिस तरफ भी वे मारे जा सकते हैं, उसे गोली मार दें, यह इस्लाम के लिए एक लाभ होगा।" के.एस.लाल ने इस उदाहरण का हवाला देते हुए कहा कि मध्ययुगीन भारत में अपने मुस्लिम आकाओं के लिए सैनिकों के रूप में हिंदू बड़ी संख्या में मारे गए।

काबुल विजय

सन् 1585 ई.में अकबर काबुल पर अपना अधिकार चाहता था उस दौरान काबुल का शासक अकबर का सौतेला भाई मिर्ज़ा मुहम्मद हकीम था। दोनों में युद्ध हुआ जिसमें अकबर को जीत मिली।

काबुल विजय के बाद अकबर ने मिर्ज़ा की बहन वख्तुननिशा बेगम को वहाँ का गवर्नर बनाया परन्तु बाद में काबुल को मुग़ल साम्राज्य में मिला लिया गया। तब राजा मान सिंह को वहाँ का गवर्नर बनाया गया।

रणथम्भौर विजय

सन् 1568 ई.में रणथम्भौर पर चौहान राजपूतों के हाड़ा वंश का शासन था। रणथंभौर के शासक राजा सुरजन राय, बूंदी के हाड़ा राजपूत और मेवाड़ के जागीरदार थे। फरवरी, सन् 1569 ई.में अकबर ने किले पर क़ब्ज़ा करने के लिए एक सेना भेजी।

अकबर की तोपों की मार के सम्मुख रणथम्भौर की दीवारें नहीं ठहर सकी। किले को डेढ़ महीने बाद हवाले कर दिया गया। राजा भगवानदास और राजा मानसिंह के साथ राय सुरजन ने अपने दो पुत्र दूदा और भोजा को अकबर के पास भेजा। अकबर ने रायसुरजन की सभी शर्तों को मानकर अपनी अधीनता स्वीकार करवाने में सफलता पाई।

कालिंजर विजय

उत्तर प्रदेश के बांदा जिले में स्थित यह क़िला अभेद्य माना जाता था। बुंदेलखंड में कालिंजर का किला रीवा के राजा रामचंद्र के अधीन था। **सन् 1569 ई.** में मजनू खां ककसाल को जीतने के लिए भेजा गया। मुग़ल सेना ने मजनू ख़ाँ के नेतृत्व में आक्रमण कर कालिंजर पर अधिकार कर लिया।

राजा रामचंद्र ने मुग़ल अधीनता स्वीकार कर ली। राजा रामचंद्र को इलाहाबाद के समीप एक जागीर दे दी गई। **सन् 1570 ई.** में मारवाड़ के शासक रामचन्द्र सेन, बीकानेर के शासक कल्याणमल एवं जैसलमेर के शासक रावल हरराय ने अकबर की अधीनता स्वीकार की।

इस प्रकार **सन् 1570 ई.** तक मेवाड़ के कुछ भागों को छोड़कर शेष राजस्थान के शासकों ने मुग़ल अधीनता स्वीकार कर ली। अधीनता स्वीकार करने वाले राज्यों में कुछ अन्य राज्य थे- डूंगरपुर, बांसवाड़ा एवं प्रतापगढ़।

जोधपुर और बीकानेर विजय

जोधपुर के राजा मालदेव का पुत्र चंद्रसेन अकबर की शरण में आ गया था परन्तु यह मित्रता अधिक समय नहीं चली और वह सिवाना चला गया। अत: अकबर ने जोधपुर पर आक्रमण किया और उसे अधीन बनाकर बीकानेर के राजसिंह को दे दिया। राजसिंह के पिता कल्याणमल ने अपनी पुत्री का विवाह अकबर के साथ कर दिया।

सिन्ध विजय

अकबर ने अब्दुर रहीम खान-ए-खाना को मुल्तान का राज्यपाल नियुक्त किया और उन्हें सिंध को जीतने की जिम्मेदारी सौंपी। **सन् 1591 ई.** में अब्दुर रहीम ने सिंध पर हमला किया और दो लड़ाइयों में सिंध के शासक मिर्ज़ा जानी बेग को हराया। जानी बेग ने बादशाह और सिंध के अधीन सेवा स्वीकार कर ली और मुग़ल साम्राज्य में वापस आ गए।

कश्मीर विजय

अकबर ने कश्मीर पर आक्रमण करने के लिए राजा भगवानदास को भेजा। जिस समय अकबर ने कश्मीर पर आक्रमण किया उस समय कश्मीर का राजा युसुफ खाँ था, जो की अत्यंत अत्याचारी और धर्मान्ध था। भगवान दास ने युसुफ खां को परास्त कर कश्मीर को काबुल प्रान्त का भाग बनाकर अपने अधीन कर लिया।

कंधार विजय

कंधार फारस के शासक के हाथों में था। कंधार के तत्कालीन गवर्नर मुजफ्फर हुसैन मिर्ज़ा ने अपने शासक के साथ अपने संबंधों को खराब कर लिया और असुरक्षित महसूस कर रहा था। उसने अकबर की सेवा स्वीकार करने का फैसला किया और किले को मुग़ल अधिकारी शाह बेग को सौंप दिया।

अकबर ने मुज़फ़्फ़र हुसैन मिर्ज़ा को अपनी सेवा में ले लिया। उन्हें **5,000** घोड़ों का मनसबदार नियुक्त किया और उन्हें संभल का जागीर सौंपा। इस प्रकार मेवाड़ को छोड़कर सम्पूर्ण उत्तर-भारत अकबर के अधीन आ गया।

अहमदनगर विजय

अकबर ने दक्षिण भारत को भी अपनी अधीनता में लाना चाहा और इसीलिए **सन् 1591 ई.**में खानदेश, अहमदनगर, बीजापुर और गोलकुंडा के शासकों को संदेश भेजा। अली खान, अकेले खान के शासक ने मुग़ल सम्राट की पेशकश को स्वीकार कर लिया।

हालांकि अन्य राज्यों के शासकों ने अकबर की पेशकश को विनम्रता से स्वीकार करने से इनकार कर दिया। अकबर ने अहमदनगर को जीतने के लिए राजकुमार मुराद और अब्दुर रहीम खान-ए-खाना की प्रतिनियुक्ति की। अहमदनगर का किला **सन् 1595 ई.**में मुग़लों द्वारा घेर लिया गया था।

यहाँ की शासिका चाँद बीबी थी। जो बीजापुर के शासक आदिल शाह प्रथम की विधवा थी। अकबर ने अब्दुल रहीम खानखाना एवं मुराद को अहमदनगर पर विजय के लिए भेजा। **सन् 1595 ई.**में दोनों के बीच युद्ध हुआ और चाँद बीबी की पराजय हुई। अत: चाँद बीबी ने **सन् 1596 ई.**में संधि कर ली।

इस संधि के अन्तर्गत बरार मुग़लों को सौंप दिया गया। बीजापुर और गोलकुंडा को यह संधि पसंद नहीं आई। अहमदनगर में भी मलिक अम्बर के नेतृत्व में एक वर्ग इस संधि का विरोध कर रहा था। फलस्वरूप अहमदनगर, गोलकुंडा और बीजापुर की सेना ने मिलकर बरार पर आक्रमण कर दिया।

इतिहासकारों का मानना है कि "अकबर ने **सन् 1595 ई.**से **सन् 1600 ई.**के मध्य कई बार अहमदनगर पर आक्रमण किया। अन्तत: **सन् 1600 ई.**में अहमदनगर के किले को विजित कर लिया गया। यहां की शासिका चांद बीबी ने या तो आत्महत्या कर ली या फिर उसके सरदारों ने ही उसे मार डाला।"

मुग़ल अधिकारियों के बीच आपसी मतभेद, संसाधनों की आपूर्ति में कमी तथा गोलकुंडा और बीजापुर से अहमदनगर तक मदद की संभावनाओं के कारण, मुग़लों ने चांद बीबी के साथ शांति के लिए फैसला किया। चांद बीबी इसके लिए आसानी से सहमत हो गई।

सन् 1596 ई. में दोनों पक्षों द्वारा एक संधि को स्वीकार कर लिया गया था, जिसके द्वारा अकबर की अधीनता के तहत बुरहान- उल- मुल्क के पोते बहादुर को अहमदनगर के सुल्तान के रूप में स्वीकार किया गया था और बरार को मुग़ल शासक के लिए उद्धृत किया गया था। लेकिन शांति को लंबे समय तक बनाए नहीं रखा जा सका।

चांद बीबी ने राज्य के प्रशासन से खुद को अलग कर लिया जबकि अन्य रईसों ने मुग़लों से बरार को पुन: प्राप्त करने की इच्छा की। अकबर ने अहमदनगर के खिलाफ फिर से मुराद और खान-ए-खाना की प्रतिनियुक्ति की लेकिन दोनों के बीच मतभेद पैदा हो गए। अकबर ने खान-ए-खाना को वापस बुला लिया और उनकी जगह अबुल फ़ज़ल को नियुक्त किया।

सन् 1597 ई. में राजकुमार मुराद की मृत्यु हो गई। तब राजकुमार दानियाल और खान-ए-खाना को दक्खन में अभियान के लिए प्रतिनियुक्त किया गया था और अकबर ने भी अहमदनगर की ओर एक व्यक्ति के रूप में मार्च किया था। अब अबुल फ़ज़ल और मुराद की सेना से इनका युद्ध आरंभ हुआ।

चाँद बीबी ने पुन: संधि की बात-चीत प्रारम्भ की थी किन्तु उन पर दगाबाजी का आरोप लगाकर उन्हें मार डाला गया। मुग़लों ने **सन् 1599 ई.** में अहमदनगर पर क़ब्ज़ा कर लिया। इतिहासकारों का मानना है कि अहमदनगर में चांद बीबी ने या तो आत्महत्या कर ली या उन रईसों द्वारा उनकी हत्या कर दी गई जिन्होंने मुग़लों के साथ शांति के प्रयासों को नापसंद किया था।

युवा राजा बहादुर निज़ाम शाह को ग्वालियर के किले में एक कैदी के रूप में भेजा गया था। अहमदनगर के एक भाग पर मुग़लों का आधिपत्य हो गया लेकिन इसका एक बड़ा भाग मलिक अम्बर के अधीन बना रहा। इस तरह अहमदनगर पर पूर्ण विजय न प्राप्त की जा सकी।

अहमदनगर का बड़ा हिस्सा अभी तक मुग़लों से मुक्त रहा और अहमदनगर के रईसों ने मुग़लों का राजवंश के दूसरे बच्चे के नाम पर विरोध जारी रखा। खानदेश ने भी अपनी स्वतंत्रता को पुन: स्थापित करने का प्रयास किया।

खानदेश के शासक राजा अली खान, मुग़लों की तरफ से अहमदनगर के खिलाफ लड़ते हुए मारे गए। उनका उत्तराधिकार उनके पुत्र मीरन बहादुर शाह ने प्राप्त किया। उन्होंने उस समय अकबर की अधीनता को स्वीकार करने से इंकार कर दिया था जब मुग़ल अहमदनगर से लगे हुए थे।

इस प्रकार अकबर ने पूरे उत्तर भारत पर क़ब्ज़ा कर लिया और अपने शासन और साम्राज्य को स्थिरता प्रदान की। दक्खन का एक हिस्सा भी उसके द्वारा जीता गया था। मुग़ल साम्राज्य अपने समय में पश्चिम में कंधार और काबुल से लेकर पूर्व में बंगाल तक, उत्तर में कश्मीर से लेकर दक्षिण में बरार और अहमदनगर तक फैला हुआ था।

भारत में मुग़लों का साम्राज्य सबसे व्यापक और शक्तिशाली साम्राज्य बन गया था । अफ़ग़ानों की शक्ति पूरी तरह से टूट गई थी। उन्होंने मुग़ल सम्राट के अधीन स्वयं के एक स्वतंत्र राज्य की अपनी महत्वाकांक्षा खो दी और सेवा स्वीकार कर ली।

इसी तरह मेवाड़ को छोड़कर राजपूत राज्यों ने भी अकबर की अधीनता को स्वीकार किया और मुग़ल साम्राज्य को बढ़ाने और मजबूत करने में उसकी मदद की।

असीरगढ़ विजय

खानदेश के शासक राजा अली खां की मृत्यु के पश्चात मीरन बहादुर खानदेश का शासक बना। जब अकबर ने **सन् 1599 ई.**में खानदेश की राजधानी बुरहानपुर पर आक्रमण किया और उस पर क़ब्ज़ा कर लिया तो मीर बहादुर असीरगढ़ भाग गया। मीर बहादुर ने मुग़ल अधीनता ठुकरा दी।

अब अकबर ने असीरगढ़ को भी घेर लिया और फलतः **सन् 1601 ई.**में असीरगढ़ के दुर्ग पर अधिकार कर लिया। यह उसके जीवन की अंतिम विजय थी। मीर बहादुर को कैदी के रूप में ग्वालियर के किले में भेजा गया था और उनके लिए पेंशन तय की गई थी।

अकबर ने अपने दक्षिण राज्यों- खानदेश, बरार और अहमद नगर की सूबेदारी अपने पुत्र दानियाल को प्रदान की। इस प्रकार **सन् 1600 ई.**तक अकबर ने अहमदनगर के भाग- बरार, बुरहानपुर, असीरगढ़, दौलताबाद और अहमदनगर के किलों पर क़ब्ज़ा कर लिया।

जहां अकबर ने उत्तर-भारत में विजय प्राप्त करते हुए विशाल साम्राज्य का निर्माण किया वहीं उत्तर-पश्चिम सीमांत को जीतकर मुग़ल साम्राज्य को निष्कण्टक बनाया। अब अकबर का राज्य पश्चिम में काबुल कन्धार से पूर्व में बंगाल तक और उत्तर में कश्मीर से दक्षिण में मालवा अथवा विन्ध्याचल पर्वत तक विस्तृत हो गया था।

इस समय दक्षिण भारत में खानदेश अहमदनगर बीजापुर और गोलकुंडा प्रमुख राज्य थे। इसमें अहमदनगर ने **सन् 1574 ई.**में बरार को अपने अधीन कर लिया था। अकबर ने दक्षिणी राज्यों को अपनी सत्ता स्वीकार करने के लिए कहा।

इस प्रकार अकबर, भारत पर विजय प्राप्त करने की अपनी महत्वाकांक्षा को बहुत हद तक पूरा करने में सफल रहा और अपने उत्तराधिकारियों द्वारा भारत के शेष भाग पर विजय प्राप्त करने का मार्ग प्रशस्त किया।

12

अकबर मुसलमान था पर दूसरे धर्म एवं सम्प्रदायों के लिए भी उसके मन में आदर था। जैसे-जैसे अकबर की आयु बढ़ती गई वैसे-वैसे उसकी धर्म के प्रति रुचि बढ़ने लगी।

अकबर को विशेषकर हिंदू धर्म के प्रति अपने लगाव के लिए जाना जाता हैं। उसने अपने पूर्वजों से विपरीत कई हिंदू राजकुमारियों से शादी की।

इसके अलावा अकबर ने अपने राज्य में हिन्दुओं को विभिन्न राजसी पदों पर भी आसीन किया जो कि किसी भी भूतपूर्व मुस्लिम शासक ने नहीं किया था।

अकबर इस बात को अच्छी तरह से जान गया था कि भारत में लम्बे समय तक उसे राज करने के लिए उसे यहाँ के मूल निवासियों को उचित एवं बराबरी का स्थान देना चाहिए।

अपने राज्य में धार्मिक एकता बनाये रखने के लिए अकबर ने इस्लाम और हिन्दू धर्म को मिलाकर एक नया धर्म 'दीन ए इलाही' बनाया जिसमें पारसी और ईसाई धर्म का भी कुछ हिस्सा शामिल किया गया था।

जिस धर्म की स्थापना अकबर ने की थी वह बहुत सरल, सहनशील धर्म था और उसमें केवल एक ही भगवान की पूजा की जाती थी। किसी जानवर को मारने पर रोक लगाई गई थी।

इस धर्म में शांति को ज़्यादा महत्त्व दिया जाता था। इस धर्म में न कोई रस्म-रिवाज, न कोई ग्रंथ और न ही कोई मंदिर या पुजारी था।

अकबर के दरबार में बहुत सारे लोग भी इस धर्म का पालन करते थे और वे अकबर को पैगम्बर भी मानते थे। बीरबल भी इस धर्म का पालन करता था। अकबर ने कई राजनैतिक और सामाजिक सुधार भी लाए थे।

हिन्दू धर्म पर प्रभाव

हिन्दुओं पर लगे जज़िया को **सन् 1562 ई.**में अकबर ने हटा दिया किंतु **सन् 1575 ई.**में मुस्लिम नेताओं के विरोध के कारण वापस उसे जज़िया लगाना पड़ा। हालांकि उन्हें बाद में नीति पूर्वक वापस हटा लिया।

जज़िया कर सिर्फ गरीब हिन्दुओं के लिए ही लगाया गया था। जज़िया कर एक तरह से गरीब हिन्दुओं को गरीबी से विवश होकर इस्लाम की शरण लेने के लिए लगाया जाता था। यह मुस्लिम लोगों पर नहीं लगाया जाता था।

इस जज़िया कर के कारण बहुत सी गरीब हिन्दू जनसंख्या पर बोझ पड़ता था, जिससे विवश हो कर वह इस्लाम कबूल कर लिया करते थे। फिरोज़शाह तुगलक ने बताया है कि कैसे जज़िया द्वारा इस्लाम का प्रसार हुआ था।

अकबर द्वारा जज़िया और हिन्दू तीर्थों पर लगे कर हटाने के सामयिक निर्णयों का हिन्दुओं पर कुछ खास प्रभाव नहीं पड़ा क्योंकि इससे उन्हें कुछ खास लाभ नहीं हुआ। कुछ अन्तराल के बाद क्योंकि ये कर वापस लगा दिए गए।

अकबर ने बहुत से हिन्दुओं को उनकी इच्छा के विरुद्ध भी इस्लाम ग्रहण करवाया था और इसके अलावा उसने बहुत से हिन्दू तीर्थ स्थानों के नाम भी इस्लामी किए। जैसे- **सन् 1583 ई.में** प्रयागराज को इलाहाबाद नाम दिया गया।

अकबर के शासनकाल में ही उसके एक सिपहसलार हुसैन खान तुर्किया ने हिन्दुओं को बलपूर्वक भेदभाव करने के लिए दर्शक बिल्ले उनके कंधों और बांहों पर लगाने को विवश किया था।

ज्वालामुखी मन्दिर के संबंध में एक कथा काफ़ी प्रचलित है। यह **सन् 1542 से सन् 1605** ई.के मध्य का ही होगा तभी अकबर दिल्ली का राजा था। ध्यानुभक्त माता जोतावाली का परम भक्त था।

एक बार देवी के दर्शन के लिए वह अपने गाँव वासियों के साथ ज्वालाजी के लिए निकला। जब उसका क़ाफ़िला दिल्ली से गुजरा तो मुग़ल बादशाह अकबर के सिपाहियों ने उसे रोक लिया और राजा अकबर के दरबार में पेश किया।

अकबर ने जब ध्यानु से पूछा कि वह अपने गाँव वासियों के साथ कहां जा रहा है तो उत्तर में ध्यानु ने कहा वह जोतावाली के दर्शनों के लिए जा रहा है।

अकबर ने कहा तेरी माँ में क्या शक्ति है ? और वह क्या-क्या कर सकती है ? तब ध्यानु ने कहा वह तो पूरे संसार की रक्षा करने वाली हैं। ऐसा कोई भी कार्य नहीं है जो वह नहीं कर सकती हैं।

तब अकबर ने ध्यानु के घोड़े का सर कटवा दिया और कहा कि अगर तेरी माँ में शक्ति है तो घोड़े के सर को जोड़कर उसे जीवित कर दें। यह वचन सुनकर ध्यानु देवी की स्तुति करने लगा और अपना सिर काट कर माता को भेट के रूप में प्रदान किया।

माता की शक्ति से घोड़े का सिर जुड़ गया। इस प्रकार अकबर को देवी की शक्ति का एहसास हुआ। बादशाह अकबर ने देवी के मन्दिर में सोने का छत्र भी चढ़ाया।

किन्तु उसके मन में अभिमान हो गया कि वह सोने का छत्र चढ़ाने लाया है तो माता ने उसके हाथ से छत्र को गिरवा दिया और उसे एक अजीब (नई) धातु का बना दिया जो आज तक एक रहस्य है। यह छत्र आज भी मन्दिर में मौजूद है।

इतिहासकार दशरथ शर्मा बताते हैं कि हम अकबर को उसके दरबार के इतिहास और वर्णनों जैसे अकबरनामा आदि के अनुसार महान कहते हैं। यदि कई अन्य उल्लेखनीय कार्यों की ओर देखें, जैसे दलपत विलास तब स्पष्ट हो जाएगा कि अकबर अपने हिन्दू सामंतों से कितना अभद्र व्यवहार किया करता था।

अकबर के नवरत्न राजा मानसिंह द्वारा विश्वनाथ मंदिर के निर्माण को अकबर की अनुमति के बाद बनाए जाने के कारण हिन्दुओं ने उस मंदिर में जाने से बहिष्कार कर दिया। कारण स्पष्ट था कि राजा मानसिंह के परिवार के अकबर से वैवाहिक संबंध थे।

अकबर के हिन्दू सामंत उसकी अनुमति के बगैर मंदिर निर्माण तक नहीं करा सकते थे। एक बार बंगाल में राजा मानसिंह ने एक मंदिर का निर्माण बिना अनुमति के आरंभ किया तो अकबर ने पता चलने पर उसे रुकवा दिया और **सन् 1595 ई.**में उसे मस्जिद में बदलने के आदेश दिए।

अकबर के लिए आक्रोश की हद एक घटना से पता चलती है। हिन्दू किसानों के एक नेता राजा राम ने अकबर के मकबरे, सिकंदरा और आगरा को लूटने का प्रयास किया। जिसे स्थानीय फ़ौजदार मीर अबुल फ़ज़ल ने उसके प्रयास में असफल कर दिया।

इसके कुछ ही समय बाद **सन् 1688 ई.**में राजा राम सिकंदरा में दोबारा प्रकट हुआ और शाइस्ता खां के आने में विलंब का फायदा उठाते हुए, उसने मकबरे पर दोबारा सेंध लगाई। उसने बहुत से बहुमूल्य सामान जैसे- सोने, चाँदी, बहुमूल्य कालीन, चिराग, इत्यादि लूट लिए।

राजा राम जो सामान नहीं ले जा सका उसे बर्बाद कर गया। राजा राम और उसके आदमियों ने अकबर की अस्थियों को खोद कर निकाल लिया एवं जला कर भस्म कर दिया। जो कि मुस्लिमों के लिए घोर अपमान का विषय था।

हिंदू धर्म से लगाव

बाद के वर्षों में अकबर को अन्य धर्मों के प्रति भी आकर्षण हुआ। अकबर का हिंदू धर्म के प्रति लगाव केवल मुग़ल साम्राज्य को ठोस बनाने के ही लिए नहीं था वरन उसकी हिंदू धर्म में व्यक्तिगत रुचि भी थी।

हिंदू धर्म के अलावा अकबर को शिया इस्लाम एवं ईसाई धर्म में भी रुचि थी। ईसाई धर्म के मूलभूत सिद्धांत जानने के लिए उसने एक बार एक पुर्तगाली ईसाई धर्म प्रचारक को गोआ से बुला भेजा था।

अकबर ने दरबार में एक विशेष जगह बनवाई थी जिसे इबादत-खाना (प्रार्थना-स्थल) कहा जाता था, जहाँ वह विभिन्न धर्मगुरुओं एवं प्रचारकों से धार्मिक चर्चाएं किया करता था।

अकबर का यह दूसरे धर्मों का अन्वेषण कुछ मुस्लिम कट्टरपंथी लोगों के लिए असहनीय था। उन सब को लगने लगा था कि अकबर अपने धर्म से भटक रहा है। उनके इन बातों में कुछ सच्चाई भी थी।

अकबर ने कई बार रूढ़िवादी इस्लाम से हट कर भी कुछ फैसले लिए। यहाँ तक कि **सन् 1582 ई.** में उसने एक नये सम्प्रदाय की ही शुरुआत कर दी जिसे दीन-ए-इलाही यानी ईश्वर का धर्म कहा गया।

सुलह-ए-कुल

दीन-ए-इलाही नाम से अकबर ने **सन् 1582 ई.** में एक नया धर्म बनाया जिसमें सभी धर्मों के मूल तत्वों को डाला। इसमें प्रमुखतः हिंदू एवं इस्लाम धर्म के मूल तत्व थे। इनके अलावा पारसी, जैन एवं ईसाई धर्म के मूल विचारों को भी सम्मिलित किया।

इस धर्म का प्रधान पुरोहित अबुल फ़ज़ल था। इस धर्म को ग्रहण करने का दिन रविवार था। अकबर दीन-ए-इलाही की दीक्षा देता था। इस धर्म को ग्रहण करने वाले लोगों को बादशाह के पैरों को चूमना होता था। अभिवादन में 'अल्लाह-ओ- अकबर' कहना पड़ता था।

लोगों को मृत्यु-भोज का आयोजन अपने जीवन काल में ही करना पड़ता था। इसमें प्रकाश का बहुत महत्त्व था। दीन-ए-इलाही ज़्यादा लोकप्रिय नहीं हुआ। कहा जाता है कि अकबर के अलावा केवल राजा बीरबल ही मृत्यु तक इस के अनुयायी थे।

हालांकि इस धर्म के प्रचार के लिए उसने कुछ अधिक उपयोग नहीं किए केवल अपने विश्वस्त लोगों को ही इसमें सम्मिलित किया। स्मिथ ने लिखा है- "दीन-ए-इलाही अकबर की भूल का स्मारक था उसकी बुद्धिमत्ता का नही।''

दबेस्तान-ए-मजहब के अनुसार अकबर के पश्चात कुल 19 लोगों ने इस धर्म को अपनाया। कालांतर में अकबर ने एक नए पंचांग की रचना की जिसमें कि उसने एक ईश्वरीय संवत का आरम्भ किया जो उसके ही राज्याभिषेक के दिन से प्रारम्भ होता था।

अकबर ने उस समय तत्कालीन सिक्कों के पीछे ''अल्लाह-ओ-अकबर'' लिखवाया जो अनेकार्थी शब्द था। अकबर का शाब्दिक अर्थ है "महान" और ''अल्लाह-ओ-अकबर'' शब्द के दो अर्थ हो सकते थे "अल्लाह महान हैं " या "अकबर ही अल्लाह हैं"।

दीन-ए-इलाही सही मायनों में धर्म न होकर एक आचार संहिता के समान था। इसमें भोग, घमंड, निंदा करना या दोष लगाना वर्जित थे एवं इन्हें पाप कहा गया। दया, विचारशीलता और संयम इसके आधार स्तम्भ थे।

यह तर्क दिया गया है कि दीन-ए-इलाही का एक नया धर्म होने का सिद्धांत गलत धारणा है। जो कि सम्भवतः बाद में ब्रिटिश इतिहासकारों द्वारा अबुल फ़ज़ल के कार्यों के गलत अनुवाद के कारण पैदा हुआ था।

हालांकि यह भी स्वीकार किया जाता है कि सुलह-ए-कुल की नीति, जिसमें दीन-ए-इलाही का सार था, अकबर ने केवल धार्मिक उद्देश्यों के लिए नहीं बल्कि सामान्य शाही प्रशासनिक नीति के एक भाग के रूप में अपनाया था।

जिसने अकबर की धार्मिक सहानुभूति की नीति का आधार बनाया। **सन् 1605 ई.में** अकबर की मौत के समय उनके मुस्लिम विषयों में असंतोष का कोई संकेत नहीं था और अब्दुल हक जैसे एक धर्मशास्त्री की धारणा थी कि उसका अपने धर्म से निकट संबंध बना रहा। सर्वधर्म मैत्री सुलह-ए-कुल सूफियों का मूल सिद्धांत रहा है।

प्रसिद्ध सूफी शायर रूमी के पास एक व्यक्ति आया और कहने लगा- एक मुसलमान एक ईसाई से सहमत नहीं होता और ईसाई यहूदी से। फिर आप सभी धर्मो से कैसे सहमत हैं? रूमी ने हंसकर जवाब दिया- मैं आपसे भी सहमत हूं। सूफी संत ख्वाजा मोईनुद्दीन चिश्ती ने सुलह-ए-कुल का सिद्धांत दिया, जिसे अकबर ने प्रतिपादित किया।

अपने राज्य में एक धार्मिक एकता बनाये रखने के लिए अकबर ने इस्लाम और हिन्दू धर्म को मिलाकर एक नया धर्म 'दीन ए इलाही' बनाया जिसमें पारसी और ईसाई धर्म का भी कुछ हिस्सा शामिल किया गया था।

जिस धर्म की स्थापना अकबर ने की थी वह बहुत सरल, सहनशील धर्म था और उसमें केवल एक ही भगवान की पूजा की जाती थी। किसी जानवर को मारने पर रोक लगाई गई थी। इस धर्म में शांति पर ज़्यादा महत्त्व दिया जाता था।

इस धर्म में न कोई रस्म रिवाज, न कोई ग्रंथ और न ही कोई मंदिर का पुजारी था। अकबर के दरबार में बहुत सारे लोग भी इस धर्म का पालन करते थे और वे अकबर को पैगम्बर भी मानते थे। **सन् 1582 ई.**में अकबर ने एक नया संवत इलाही संवत (फसली संवत) भी चलाया।

यह नया संवत सूर्य पर आधारित था। अकबर मृदंग अथवा नगाड़ा बजाता था। अकबर ने दुनिया के सभी धर्मो का सम्मान किया। अकबर के अनुसार, सभी धर्म में ईश्वर एक है और वे उसका ही मार्गदर्शन करते हैं। अकबर के धर्मनिरपेक्ष दृष्टिकोण के परिणामस्वरूप दीन-ए-इलाही(परमात्मा का विश्वास) नामक एक नए धर्म का निर्माण हुआ।

इबादत खाना

अकबर ने एक इमारत जिसे इबादत खाना (पूजा घर) कहा जाता है का निर्माण करवाया। जहाँ पर अकबर ने धार्मिक वाद-सम्वाद को बढ़ावा दिया था। अकबर ने इसकी स्थापना **सन् 1575 ई.**में फतेहपुर सीकरी में की थी ।

वैसे तो इबादत खाना का अर्थ होता है पूजा का स्थान परन्तु यहाँ प्रत्येक बृहस्पतिवार की शाम को विभिन्न धर्मावलम्बियों के बीच धार्मिक विषयों पर वाद-संवाद होता था। इन वाद-विवादों में अबुल-फ़ज़ल की महत्त्वपूर्ण भूमिका होती थी।

अकबर ने सर्वप्रथम इबादत खाना में मुस्लिम धर्म से सम्बन्धित लोगों को बुलाया। इसके बाद अन्य धर्मावलम्बियों को भी आमंत्रित किया गया। हिन्दू धर्म के पुरुषोत्तम एवं देवी को आमंत्रित किया गया। जैन उपदेशक हरविजयसूरी एवं जिनचन्दसूरी को भी बुलाया गया।

विजय सूरी को 'जगतगुरु' की उपाधि दी गई। जबकि 'जिन चंद्र सूरी' को 200 बीघा जमीन प्रदान किया गया। अकबर ने पार्सी विद्वान दस्तूर जी, मेहर जी को भी बुलाया। इसी के बाद उसने प्रसिद्ध महजर की घोषणा की।

मज़हर की घोषणा

मज़हर का अर्थ होता है प्रपत्र। यह प्रपत्र शेख मुबारक और उनके पुत्रों फैजी एवं अबुल फ़ज़ल ने तैयार किया था। इस मज़हर घोषणा के द्वारा किसी धार्मिक विषय पर वाद-विवाद की स्थिति में अकबर का आदेश सर्वोपरि होता था।

इस तरह वह धार्मिक विषयों के वाद-विवाद की स्थिति में सर्वोच्च अधिकारी हो गया। स्मिथ ने अकबर पर मज़हर की घोषणा द्वारा अमोघत्व प्राप्त करने का आरोप लगाया है, जो वस्तुत: सही नहीं है।

स्मिथ बूलजले हेग ने अकबर के मज़हर को 'अचूक आज्ञा पत्र की संज्ञा दी'। मज़हर की घोषणा के बाद अकबर ने सुल्तान-ए-आदिल (न्यायप्रिय सुल्तान) उपाधि धारण की। मज़हर की घोषणा **26 जून सन् 1579 ई.** को हुई थी।

13

अकबर अपने पिता हुमायूं और दादा बाबर से विपरीत थे। उनको साहित्य और कला से बहुत लगाव था। अकबर कोई कवि या लेखक नहीं थे। तब पर भी उन्होंने कलात्मक, सांस्कृतिक और बौद्धिक वार्ताओं की सराहना की ।

साथ ही अकबर को साहित्य काफ़ी पसंद था। अकबर ने वास्तुकला के क्षेत्र में भी बहुत विस्तार किया और मुग़ल शैली का भी प्रचार किया। अकबर ने एक पुस्तकालय की भी स्थापना की थी।

उस पुस्तकालय में लगभग **24,000** से अधिक **संस्कृत, उर्दू , पर्शियन, ग्रीक, लैटिन, अरबी और कश्मीरी** भाषाओं की किताबें थी। इसके अतिरिक्त वहाँ पर कई सारे **विद्वान, अनुवादक, कलाकार, ख़ुशनवीस, लेखक, जिल्दसाज और वाचक** भी मौजूद थे।

पूरी दुनिया के कवि, वास्तुकार और शिल्पकार सभी अकबर के दरबार में इकट्ठा होते थे और विभिन्न विषयों पर चर्चा करते थे। अकबर खुद पढ़ा लिखा नहीं था परंतु उसने महिलाओं के लिए फतेहपुर सीकरी में एक पुस्तकालय की भी स्थापना की थी।

हिंदू एवं मुस्लिम लोगों के लिए भी स्कूलों का निर्माण करवाया था। जलालुद्दीन अकबर ने दिल्ली, आगरा और फतेहपुर सीकरी के दरबार को कला, साहित्य और शिक्षा के मुख्य केंद्र के रूप में स्थापित कर दिया।

वक़्त के साथ पर्शियन इस्लामिक संस्कृति भारत की संस्कृति के साथ घुल मिल गई और जिससे एक नयी इंडो पर्शियन संस्कृति ने जन्म लिया और इसका दर्शन मुग़लकाल में बनाये गए चित्रकला और वास्तुकला के नमूनों में देखने को मिलता है।

14

जोधाबाई से अकबर के विवाह का इतिहास
(6 फरवरी, सन् 1592 ई.)

यह एक राजपूत कन्या थी जिन्हें हरका बाई या हीर कुंवर जैसे कई नामों से जाना जाता है। सन् 1542 ई.में जोधाबाई, उर्फ़ मरियम- उज-जमानी का जन्म एक राजवंशी राजकुमारी के रूप में हुआ था। वह जयपुर के आमेर के राजा भारमल की पुत्री थी।

6 फरवरी सन् 1592 ई.को सांभर, हिंदुस्तान में उनका विवाह सम्राट अकबर से हुआ। जोधा राजपूत थी और अकबर मुग़ल शासक था, इन दोनों का विवाह प्रेम संबंध नहीं बल्कि राजनैतिक समझौता था। परन्तु फिर भी यह संबंध एक प्रेम कहानी के रूप में विख्यात है।

अकबर के साथ विवाह से उनके जीवन में धार्मिक और सामाजिक नीति में एक क्रमिक बदलाव आया था। अकबर के साथ विवाह होने के बाद उनको मल्लिका-ए-हिंद के नाम से जानी जाने लगी।

अकबर की तीनों पत्नियों में से ये उनकी तीसरी प्रमुख पत्नी थी। जोधा ही मुग़ल साम्राज्य की मरियम उज़-ज़मानी (जिसकी संतान राजा बनती हैं)बनी।

जोधा की पहले दो संतानें (हसन, हुसैन) हुईं जो कुछ ही महीने बाद मृत्यु को प्राप्त हो गईं। बाद में जोधा की संतान जहाँगीर ने मुग़ल साम्राज्य पर अपनी हुकूमत की। शहजादे के पैदा होने के बाद जोधा बेगम को मरियम- उज़- ज़मानी और बेगम साहिबा का ख़िताब दिया गया।

अकबर ने भारत को अपने अधीन करने के लिए कुछ रणनीतियां बनाईं। जिसमें युद्ध और समझौता शामिल था। अकबर के पास विशाल सैन्य बल था जिससे वह आसानी से विरासतों पर अपना परचम फहरा सकता था।

लेकिन इन सब में बहुत सारा खून बहता था जो कि कई मायनों में अकबर को पसंद नहीं था इसलिए उसने समझौते की नीति को भी अपनाया जिसके तहत वह अन्य राजाओं की बेटियों से विवाह कर सम्मान के साथ उनसे रिश्ते बनाकर उन रियासतों को बिना जनहानि के अपने अधीन कर लेता था।

उन दिनों अकबर के सबसे बड़े शत्रु राजपूत थे, जिन्हें वह इन दोनों नीतियों में से किसी एक तरह से अपने अधीन करता था। जब अकबर का युद्ध राजा भारमल से हुआ तब उसने उनके तीनों बेटों को बंदी बना लिया।

तब राजा भारमल ने अकबर के सामने समझौते के लिए हाथ बढ़ाया और इस तरह राजा भारमल की कन्या राजकुमारी जोधा का विवाह अकबर के साथ किया गया। परम्परा के अनुसार जोधा को इस्लाम अपनाना था लेकिन अकबर ने उन्हें इस बात के लिए जोर नहीं दिया।

यही था जोधा अकबर की प्रेम कथा का आधार क्योंकि अकबर जोर-जबरदस्ती से देश पर मुग़ल साम्राज्य नहीं चाहता था, इसलिए इतिहास अकबर को एक अच्छा शासक कहता है। अकबर के इसी व्यवहार के कारण राजकुमारी जोधा के मन में अकबर के लिए प्रेम का भाव जागा।

जोधा ने हिन्दू संस्कृति से अकबर का परिचय करवाया। शायद इसी कारण अकबर दोनों धर्मों की आवाम के लिए प्रिय शासक बने। इसके अलावा अकबर का बचपन हिन्दू परिवार के साथ बीता था।

जंग के दिनों में इनके पिता हुमायु को कई दिनों तक अज्ञातवास में बिताना पड़ा जिस कारण इन्हें हिन्दू परिवार के साथ रहना पड़ा। इस कारण भी अकबर के मन में हिन्दू संस्कृति के लिए भी आदर था।

अकबर की कई बेगमें थी लेकिन फिर भी उनका मन जोधा से ज़्यादा जुड़ा जिसका कारण जोधा का निडर व्यवहार था। जो अकबर को बहुत पसंद था। जोधा ने हमेशा अकबर को सही-गलत का रास्ता दिखाया जो कि अकबर को एक प्रिय राजा बनने में मददगार साबित हुआ।

इसी तरह मुग़ल और राजपूतों के संबंधों के कारण हम हिन्दू और मुग़ल नक्काशी का समावेश देख पाते हैं। अकबर ने जोधा को किले में मंदिर बनाने की अनुमति दी थी जिसके कारण उस वक्त में इन दोनों संस्कृतियों का समावेश देखा गया, जो अत्यंत अनूठा संगम हैं।

लेकिन कई इतिहासकारों ने **"जोधा - अकबर"** की कथा को गलत कहा उनके हिसाब से किसी भी ऐतिहासिक किताब में जोधा के होने के कोई पुख्ता प्रमाण नहीं हैं। कुछ इतिहासकार के अनुसार जोधा, अकबर के बेटे जहाँगीर की राजपूत बेगम थी।

कई इतिहासकारों के अनुसार जोधा किसी लेखक की कलम का काल्पनिक पात्र हैं। राजस्थानी लोगों का कहना हैं कि किसी भी राजपूत स्त्री की शादी अकबर से नहीं की गई थी।

कुछ का कहना हैं कि जोधा नाम से नहीं अन्य किसी नाम से राजपुताना बेगम को जाना जाता था। इसी तरह की कई कहानियां जोधा अकबर के प्रेम के संदर्भ में कही जाती हैं।

परन्तु कुछ इतिहासकारों का कहना हैं कि **"जोधा - अकबर"** एक ऐतिहासिक कहानी जिसे इतिहास की सबसे यादगार प्रेम कहानी कहा जाता हैं। जोधा अकबर पर कई फिल्में और टीवी सीरियल भी बने हैं जिनके कारण जोधा अकबर के प्रति आज के लोगों का रुझान काफ़ी बढ़ा हैं।

जोधा अकबर की इन कहानियों पर बनी फिल्मों और धारावाहिकों का कई इतिहासकार एवं मूल राजस्थानी लोगों ने विरोध किया। जिस कारण लोगों में यह जानने का उत्साह बना कि आखिर क्या था जोधा-अकबर का सच ?

कुछ इतिहासकारों ने बताया हैं कि एक रात अकबर शिकार के लिए आगरा के पास के किसी गाँव से जा रहा था। वहाँ कुछ गवैयों को अजमेरी ख्वाजा का गुणगान गाते सुना।

उसके मन में ख्वाजा की भक्ति जगी और **सन् 1562 ई.** की जनवरी के मध्य में थोड़े से लोगों को लेकर वह अजमेर की ओर चल पड़ा। आगरा और अजमेर के मध्य में देवास में आमेर(पीछे जयपुर) के राजा बिहारीमल मिले और अपनी सबसे बड़ी लड़की के विवाह का प्रस्ताव रखा।

अजमेर में थोड़ा ठहर कर लौटते वक़्त सांभर में राजकुमारी से अकबर ने विवाह किया। बिहारीमल के ज्येष्ठ पुत्र भगवानदास को कोई लड़का नहीं था, उन्होंने अपने भतीजे मानसिंह को गोद लिया था।

राजा भगवानदास और कुँवर मानसिंह अब अकबर के सगे सम्बन्धी हो गए। इसी कछवाहा राजकुमारी का नाम पीछे 'मरियम-उज-जमानी' पड़ा, जिससे जहाँगीर पैदा हुआ।

अकबर की अपनी माँ हमीदा बानो बेग़म को 'मरियम मकानी' (सदन की मरियम) कहा जाता था। कछवाहा रानी की क़ब्र सिकंदरा में अकबर की क़ब्र के पास एक रौजे में है, जिससे स्पष्ट है कि वह पीछे हिन्दू नहीं रही।

अब तक सल्तनत के स्तम्भ तूरानी समझे जाते थे, अब राजपूत भी स्तम्भ बने और वह तूरानियों से अधिक दृढ़ साबित हुए अकबरी दरबार के इतिहासकार अबुल फ़ज़ल कृत **'आइना-ए-अकबरी'** में और जहाँगीर के लिखे आत्मचरित **'तुजुक-ए-जहाँगीरी'** में उसे मरियम ज़मानी ही कहा गया है।

यह उपाधि उसे सलीम (जहाँगीर) के जन्म पर **सन् 1569 ई.**में दी गई थी। कुछ जानकारों ने विरोध किया हैं, उनका कहना है कि जोधाबाई जोधपुर के राजा उदयसिंह की पुत्री थी। जिसका विवाह सलीम के साथ **सन् 1585 ई.**में हुआ था।

जोधा सम्राट अकबर की महारानी और जहाँगीर की माता होने के कारण **'मुग़ल अंत:पुर'** की सर्वाधिक प्रतिष्ठित नारी थी। वह मुस्लिम बादशाह से विवाह होने पर भी हिन्दू धर्म के प्रति निष्ठावान रही।

सम्राट अकबर ने उसे पूरी धार्मिक स्वतंत्रता दी थी। वह हिन्दू धर्म के अनुसार धर्मोपासना, उत्सव-त्योहार एवं रीति–रिवाजों का पालन करती थी।

उसकी मृत्यु सम्राट अकबर के देहावसान के '18 वर्ष पश्चात **सन् 1623 ई.**' में आगरा में हुई थी। उसकी याद में एक भव्य स्मारक आगरा के निकटवर्ती सिकंदरा नामक स्थान पर सम्राट के मक़बरे के समीप बनाया गया, जो आज भी मौजूद है।

जोधाबाई और अकबर की कहानी पर वर्ष **सन् 2008 ई.** में आशुतोष गोवरिकर के द्वारा फिल्म भी बनाई गई थी। जिसमें मशहूर अभिनेता ऋतिक रोशन ने अकबर का पात्र और जोधाबाई का पात्र ऐश्वर्या राय बच्चन ने निभाया था।

जोधा अकबर पर बनी इस फ़िल्म में आशुतोष गोवारिकर को कई कठिनाइयों का सामना करना पड़ा और लोगों ने उनका भी बहुत विरोध किया जिसके बारे में उन्होंने अपने एक इंटरव्यू में बताया है।

उन्होंने बताया कि काफ़ी ऐतिहासिक किताबों, रिसर्च और कई अच्छे इतिहासकारों से बातचीत के बाद ही उन्होंने अपनी यह फ़िल्म बनाई। उनके अनुसार अकबर की राजपूताना बेगम थी लेकिन उनके नाम अलग-अलग थे जिनमें से एक जोधा भी था।

जोधाबाई और अकबर के विवाह के बाद जोधाबाई कभी अपने मायके नहीं गई। उन्हें राजपूताना खानदान ने सदा के लिए त्याग दिया था। अकबर के साथ विवाह के बाद जोधाबाई, **'मरियम उज़-ज़मानी'** बेगम साहिबा के नाम से जानी गई।

इससे पहले **सन् 1960 ई.** में भी "मुग़ल-ए-आज़म" फिल्म बनी थी जो कि काफ़ी लोकप्रिय हुई थी। इस फिल्म में पृथ्वीराज कपूर साहब ने अकबर का किरदार निभाया था। अकबर के पुत्र का किरदार दिलीप कुमार और उनकी प्रेयसी का पात्र मधुबाला के द्वारा निभाया गया था।

निरंतर समय-समय पर अकबर बीरबल के किस्सों और अकबर की जीवनी पर अलग-अलग फिल्में और धारावाहिक बनते आ रहे हैं। इंटरनेट, किताबों, फिल्मों और अन्य कई माध्यमों से अकबर और मुग़ल साम्राज्य से जुड़े साहित्य पर नए-नए कार्यक्रम बनते आ रहे हैं।

इतिहास में झांक कर देखा जाए तो हमें जोधा-अकबर की प्रेम कहानी विश्व प्रसिद्ध दिखाई देती है।

15

अकबर के ही समय की एक शख़्सियत और भी थी जिनके बारे में बहुत कम लोग जानते हैं। वह अकबर के जीवन में काफ़ी महत्व रखती थीं, उनका नाम था महाम अंगा।

आपने यकीनन अकबर की माँ हमीदा बानो बेगम के बारे में सुना होगा लेकिन कहा जाता है कि अकबर अपनी माँ से ज़्यादा महाम अंगा से प्यार करता था। अकबर को बड़ा करने में भी महाम अंगा का काफ़ी योगदान रहा है।

उन्होंने मुग़ल शासक अकबर की बचपन से लेकर बड़े होने तक परवरिश की थी। इस वजह से अकबर ने उन्हें अपनी माँ का दर्जा दे रखा था। यहां तक कि अकबर की गैर हाजिरी में वह राज्य का सारा कार्यभार भी संभालती थीं।

महाम अंगा को हम अकबर की पालक माँ यानि कि उपमाता कह सकते हैं। महाम अंगा बहुत ही समझदार थीं, उन्होंने अकबर को कई राजनैतिक काम करने के लिए काफ़ी प्रेरित किया था। वह सन् 1560 से 1562 ई.तक किशोर सम्राट की राजनैतिक सलाहकार और मुग़ल साम्राज्य की वास्तविक एजेंट थीं।

कहते हैं कि अकबर का महाम अंगा की ओर अधिक झुकाव था। वहीं दूसरी ओर कहा जाता है कि महाम अंगा भी अकबर के प्रति काफ़ी प्रेम व स्नेह रखा करती थीं।

महाम अंगा के असली बेटे का नाम अधम खान था और इनके पति का नाम नदीम खान था। लेकिन कहा जाता है कि महाम अंगा के पति की मौत बहुत पहले ही हो गई थी। मुग़ल बादशाह के रूप में तेरह वर्ष की आयु में अपने सिंहासनारूढ़ होने से पहले अकबर की मुख्य परिचारिका थीं।

महाम अंगा के बेटे अधम खान को पालक भाई के रूप में लगभग शाही परिवार के सदस्यों में से एक माना जाता था। महाम अंगा ने, जिसे चतुर और महत्वाकांक्षी माना जाता था, अपने और अपने बेटे के अधिकार को आगे बढ़ाने की मांग की।

सन् 1560 ई.में दोनों ने अकबर को उसके रीजेंट और अभिभावक बैरम खां के बिना भारत आने के लिए धोखा दिया और अकबर को यह समझाने में सक्षम थे कि अब वह सत्रह वर्ष का है, उसे बैरम ख़ाँ की आवश्यकता नहीं है। अकबर ने अपने रीजेंट को बर्खास्त कर दिया और उसे मक्का की तीर्थ यात्रा पर भेज दिया।

महीनों बाद बैरम की एक अफ़ग़ान द्वारा हत्या कर दी गई और पूर्व की अधिकांश शक्ति महाम अंगा को मिल गई । महाम अंगा नित्य ही बैरम ख़ाँ के ख़िलाफ़ साज़िशें रचती रहती थी। मुग़ल दरबार में महाम अंगा का एक समूह था जो कि हमेशा ही बैरम को नीचा दिखाने में लगा रहता था।

वह हरम के अन्दर उस दल में सम्मिलित थी जो कि बैरम ख़ाँ के राज्य का सर्वेसर्वा बने रहने का विरोधी था। उसने अकबर को बैरम ख़ाँ के हाथ से सल्तनत की बाग़ाडोर छीनने के लिए प्रोत्साहित करने में महत्त्वपूर्ण भूमिका अदा की।

सन् 1560 ई. में अकबर बैरम ख़ाँ को आगरा में छोड़कर दिल्ली अपनी बेवा माँ के पास चला आया। इसके बाद अगले दो साल तक महाम अंगा का अकबर के ऊपर बहुत अधिक प्रभाव रहा। **सन् 1561 ई.** में उसने अकबर के कोप से अपने बेटे अधम खान को बचाया परन्तु अगले साल जब अधम खान ने अतगा ख़ाँ, वज़ीर की हत्या कर डाली तो वह उसकी रक्षा नहीं कर सकी।

अकबर के हुक़्म से अधम खान को बाँधकर क़िले के परकोटे से नीचे फेंक दिया गया और जिससे उसकी मृत्यु हो गई। अपने बेटे के शोक में महाम अंगा की भी शीघ्र ही मृत्यु हो गई। उसकी मृत्यु से अकबर हरम के प्रभाव से मुक्त हो गया।

इतिहास में महाम अंगा की स्पष्ट पहचान को लेकर काफ़ी मतभेद है लेकिन कहा जाता है कि **"महाम अंगा"** बाबर और बीबी मुबारक-उन -निसा-बेगम की बेटी थी। लेकिन कई जगह उल्लेख मिलता है कि यह केवल अकबर की दाई थीं।

मथुरा रोड पर पुराना किला के सामने स्थित इस मस्जिद को खैर-उल-मनाज़िल या खैरुल मंज़िल के नाम से भी जाना जाता है। यह मस्जिद बहुत ऐतिहासिक है, जिसे **सन् 1561 ई.** में महाम अंगा ने बनवाया था।

बता दें कि इस मस्जिद को बलुआ पत्थर से बनाया गया है। जिसकी वास्तुकला अन्य मुग़लकालीन शिल्प कलाओं से प्रेरित है लेकिन कई इतिहासकारों के अनुसार इसकी आंतरिक संरचना दिल्ली सल्तनत के पैटर्न से बनाई गई है।

महाम अंगा के जीवन के साथ जुड़ी एक गुत्थी ऐसी है जिसे कभी नहीं सुलझाया जा सका। कहा जाता है कि उसे कभी सुलझने ही नहीं दिया गया। यह गुत्थी है अकबर की मौत की साजिश रचने की। खुद अकबर ने जाँच को बीच में रोका।

यह किस्सा था **16 वीं** शताब्दी का जब दिल्ली में मुग़ल शासक अकबर हजरत निजामुद्दीन की दरगाह पर जा रहा था। अचानक से बाजार में अफरा-तफरी मच गई। ऐसा इसलिए हुआ क्योंकि हवा में से एक तीर आया और सीधे अकबर के दाहिने कंधे में धंस गया।

इस दौरान अकबर अपने घोड़े से गिरा और गंभीर रूप से घायल हो गया। उसे घायल अवस्था में तुरंत महल ले जाया गया। वहाँ राज वैध्य फौरन राजा के इलाज में जुट गए। दूसरी ओर सैनिकों ने तीर चलाने वाले व्यक्ति की तलाश शुरू कर दी।

सैनिक बाज़ार की सभी दुकानों की तलाशी लेने लगे और लोगों का सामान यहां-वहां फेंकने लगे। तभी सैनिकों ने इलाके में मौजूद मदरसे के छज्जे की जांच की। हमला करने वाला व्यक्ति वहीं पर था। वह भाग पाता इससे पहले ही उसे गिरफ्त में ले लिया गया।

इस दौरान आरोपी को राज दरबार में पेश किया गया वहाँ उसने कबूला कि वह मिर्ज़ा शरीफुद्दीन का सेवक है। शरीफुद्दीन अकबर का एक वफादार और पुराना कर्मचारी था। मंत्रियों ने सुझाव दिया कि इस हमलावर से कड़ी पूछताछ कर पता लगाया जाए कि इस पूरी साजिश के पीछे किसका हाथ था।

इससे पहले कि आरोपी से पूछताछ हो पाती अकबर ने आदेश दे दिया कि दोषी को मृत्युदंड दे दिया जाए। हालांकि ऐसा पहली बार नहीं हो रहा था जब अकबर पर इस तरह का जानलेवा हमला हुआ हो। इससे पहले भी एक बार महाम अंगा के एक सेवक ने अकबर को मारने का प्रयास किया था।

उस समय भी अकबर ने इसी प्रकार मामले की जांच नहीं करने दी और दोषी को मरवा दिया। अकबर के फैसले ने हर किसी को हैरत में डाल दिया था। हर किसी के मन में सवाल था कि आखिर अकबर ने बात जाने बिना ही क्यों दोषी को मरवा दिया?

आखिरकार महाम अंगा के हाथों में शासन आ गया। बहरहाल अकबर की गंभीर हालत को देखते हुए राज्य का सारा कार्यभार महाम अंगा को सौंप दिया गया। यहां तक कि मुग़ल शासन की सारी न्याय प्रणाली भी महाम अंगा की मुट्ठी में आ गई।

शक्ति मिलते ही महाम अंगा ने सबसे पहले अकबर के खास मंत्री बैरम को निकाल दिया। धारणाओं की माने तो उसे सेवा निवृत्त करने के बाद अंगा ने उसे मारने की साजिश रची और वह उसमें सफल भी रहीं। हर बार की तरह इस बार भी अंगा का यह काम किसी की नजरों के सामने नहीं आया।

इतना ही नहीं इतिहासकार मानते हैं कि अकबर पर हुए हमलों के पीछे भी महाम अंगा का हाथ था। ऐसा करने के पीछे की वजह मानी जाती है कि वह शासन को हथियाना चाहती थीं। हमलों का सिलसिला यहीं नहीं रुका। कुछ समय पश्चात एक बार फिर से अकबर को मारने का प्रयास हुआ।

इस बार भी अकबर की जान बच गई। इन निरंतर हमलों से एक बात तो साफ थी कि कोई शख्स तो ऐसा था जो अकबर को मारना चाहता था। इन हमलों के चलते महाम अंगा को कई बार शासन व्यवस्था को अपने हाथ में लेने का मौका मिला। यहां तक की अकबर के बिल्कुल ठीक होने के बाद भी महाम अंगा का हस्तक्षेप बरकरार रहा।

अंगा का यह अच्छा समय बहुत समय तक बरकरार नहीं रहा। उसके पतन की शुरुआत तब हुई जब अंगा का बेटा अधाम खान मालवा अभियान पर गया। वहां उसने लूटे गए धन को चुरा

लिया। हालांकि अधाम खान और अकबर के बीच का फासला तब बढ़ा जब अधाम खान ने अतगा खान की हत्या कर दी।

कहते हैं कि अकबर के लिए वह बहुत ही अजीज थे। अतगा खान को मारने के बाद अधम खान के मन में अकबर को मार कर उसकी गद्दी हथियाने का विचार आया। इसके लिए उसने एक योजना भी बनाई। इससे पहले कि अधाम खान अपनी योजना को अंजाम देता अकबर ने उसे पकड़ लिया।

कहते हैं कि उसके बाद अकबर ने उसे अपने महल की सीढ़ियों से नीचे फेंक कर मार दिया। हालांकि इस दौरान अंगा ने अकबर के समक्ष अपने बेटे का पक्ष रखने का प्रयास किया था। अकबर ने अंगा की एक न सुनी। माना जाता है कि इसके बाद ही अंगा के दिल में अकबर के खिलाफ असली आग जली।

इसके बाद भी अकबर को मारने की कोशिश की गई मगर अकबर हर बार की तरह बच जाता। अंगा कुछ और कर पाती इससे पहले ही उनकी मौत हो गई। इसके साथ ही अकबर पर होने वाले जानलेवा हमले भी रुक गए।

उसका मकबरा और उसके बेटे का मकबरा, जिसे अधम खान का मकबरा कहा जाता है अकबर द्वारा बनाया गया था। इसकी संरचना में भूल-भुलैया के कारण लोकप्रिय रूप से भूल-भुलैया नाम दिया गया था जो कि महरौली में कुतुब मीनार के उत्तर में स्थित है।

आज हम आपको मुग़ल साम्राज्य के सबसे शक्तिशाली बादशाह अकबर की बहन के बारे में जानकारी दे रहे हैं। जिनके नाम से बहुत कम लोग वाकिफ होंगे। आपको बता दें कि हुमायूं का सिर्फ बेटा अकबर ही नहीं बल्कि एक बेटी भी थी। जिनका नाम इतिहास के पन्नों में दर्ज है और इनका नाम बख्शी बानो बेगम था।

तो आइए बख्शी बानो बेगम के बारे में विस्तार से जानते हैं लेकिन पहले हम मुग़ल इतिहास को थोड़ा समझ लेते हैं। वैसे तो मुग़ल साम्राज्य का दौर काफ़ी लंबा रहा है, जिसके बारे में विस्तार से बात कर पाना थोड़ा मुश्किल है।

लेकिन कहा जाता है कि हिंदुस्तान पर मुग़लों का शासन लगभग **सन् 1526 से 1707 ई.** तक रहा है। जिसकी स्थापना बाबर ने पानीपत की पहली लड़ाई में इब्राहिम लोदी को हराकर की थी।

इसमें कई मुग़ल बादशाहों का शासन रहा है, जिसमें हुमायूँ, अकबर, जहाँगीर, शाहजहाँ और औरंगजेब प्रमुख बादशाह रहे हैं। कहा जाता है कि इन्होंने अपने शासन के दौरान न सिर्फ समाज का निर्माण किया बल्कि भारत को नया आयाम भी दिया था।

गुलबदन बेगम के द्वारा लिखी गई 'हुमायूँनामा' के अनुसार बख्शी बानो बेगम अकबर की सौतेली बहन थी और जिनकी माँ का नाम बीवी गुंवर था। कहा जाता है कि बख्शी बानो बेगम अकबर से उम्र में बड़ी थी।

बख्शी बानो बेगम का जन्म **सन् 1540 ई.** में दिल्ली में हुआ था। साथ ही यह भी कहा जाता है कि जब बख्शी बानो बेगम होने वाली थी तो हुमायूँ से कहा गया था कि उसको बेटा होगा लेकिन ऐसा नहीं हुआ और बीवी गुंवर ने अपनी दूसरी बेटी बख्शी बानो बेगम को जन्म दिया।

इतिहास के अनुसार कहा जाता है कि **सन् 1550 ई.** में दस साल की उम्र में बख्शी बानो का उसके पिता ने इब्राहिम मिर्ज़ा के गवर्नर सुलेमान शाह मिर्ज़ा के सबसे बड़े बेटे से निकाह करवा दिया था। हालांकि इतिहास में सुलेमान मिर्ज़ा और उनके परिवार के बारे में स्पष्ट जानकारी नहीं हैं। बख्शी बानो के पति की मृत्यु हो जाने के बाद अकबर ने अपनी बहन का दूसरा निकाह शरिफ-उद-दीन हुसैन अहरारी से करवा दिया था।

बता दें कि मिर्ज़ा शरीफ-उद-दीन हुसैन अहरारी के पिता का नाम ख्वाजा मोईन अला-उद-दीन था जो कि खवल के नेता थे और उनकी माँ का नाम फखर जहान बेगम था।

इतिहास के अनुसार अपनी बहन की शादी करवाने के बाद अकबर ने उन्हें अजमेर का वायसराय नियुक्त कर दिया था क्योंकि बख्शी बानो बेगम अकबर की सबसे लाडली बहन थी। जिससे अकबर बहुत प्यार करता था और कभी-कभी राज्य से संबंधित राय भी लिया करता था।

अकबर पढ़ना-लिखना नहीं जानता था परंतु उसको सांस्कृति कला और विभिन्न भाषाओं की जानकारी थी और शिक्षा के प्रति उसका अत्यधिक लगाव था।

निरक्षर होते हुए भी अकबर को कलाकारों एवं बुद्धिजीवियों से विशेष प्रेम था। अकबर ने अपने इसी प्रेम के कारण और अपने साम्राज्य को शोभायमान करने के लिए अपने दरबार में नौ अति गुणवान दरबारी रखे जो कि उसके दरबार में चार चांद लगाते थे।

अकबर के इन्ही नौ दरबारियों को अकबर के नवरत्न के नाम से भी जाना जाता है।

इनके नवरत्नो के नाम इस प्रकार हैं :–

1. अबुल फ़ज़ल (लेखक, इतिहासकार),

2. फ़ैज़ी (कवि),

3. तानसेन(संगीतकार),

4. राजा बीरबल (विदूषक, सैन्य एवं प्रशासन),

5. टोडरमल (भूमि प्रबंधन, राजस्व),

6. राजा मानसिंह (सेनापति),

7. मुल्ला दो पियाजा(सलाहकार),

8. अब्दुल रहीम खान-ए-खाना (कवि, सेनापति),

9. फ़क़ीर अज़ियोद्दीन (सलाहकार)

अबुल फ़ज़ल (लेखक, इतिहासकार)

अबुल फ़ज़ल ने सम्राट अकबर के शासन काल की प्रमुख घटनाओं को **"कलमबद्ध"** किया था। उसने 'अकबरनामा' की भी रचना की थी। इसने ही 'आइन-ए-अकबरी' भी रचा था।

अबुल फ़ज़ल का पूरा नाम अबुल फ़ज़ल इब्न मुबारक था। इनका संबंध अरब के हिजाजी परिवार से था। इनका जन्म 14 जनवरी, **सन् 1551 ई.**में हुआ था। इनके पिता का नाम

शेख मुबारक था। अबुल फ़ज़ल ने अकबरनामा एवं आईन-ए-अकबरी जैसे प्रसिद्ध पुस्तक की रचना की। अबुल फ़ज़ल अकबर के नवरत्नों में से एक रत्न थे। अबुल फ़ज़ल का पूरा परिवार देशांतरवास कर पहले ही सिंध आ चुका था। फिर हिंदुस्तान के राजस्थान में अजमेर के पास नागौर में हमेशा के लिए बस गया।

इनका जन्म आगरा में हुआ था। अबुल फ़ज़ल बचपन से ही काफ़ी प्रतिभाशाली बालक था। उसके पिता शेख मुबारक ने उसकी शिक्षा की अच्छी व्यवस्था की। शीघ्र ही उन्होंने एक गूढ़ और कुशल समीक्षक विद्वान की ख्याति अर्जित कर ली। **20 वर्ष की आयु में** वह शिक्षक बन गया। **सन् 1573 ई.में** उसका प्रवेश अकबर के दरबार में हुआ। वह असाधारण प्रतिभा, सतर्क निष्ठा और वफादारी के बल पर अकबर का चहेता बन गया। वह शीघ्र अकबर का विश्वासी बन गया और प्रधानमंत्री के ओहदे तक पहुँच गया।

उसने एक महान राजनेता, राजनायिक और सैन्य अधिकारी होने के साथ–साथ, अपनी पहचान एक लेखक के रूप में, वह भी इतिहास लेखक के रूप में बनाई। उसने इतिहास के परत-दर-परत को उजागर कर लोगों के सामने लाने का प्रयास किया। खासकर उसकी ख्याति तब और बढ़ गई जब उसने अकबरनामा और आईन-ए- अकबरी की रचना की। उसने भारतीय मुग़लकालीन समाज और सभ्यता को इस पुस्तक के माध्यम से बड़े ही अच्छे तरीके से वर्णन किया है।

फ़ैज़ी (कवि)

फ़ैज़ी एक बहुत प्रसिद्ध कवि थे और अबुल फ़ज़ल के भाई भी थे। वह फारसी में कविता करते थे। राजा अकबर ने उसे अपने बेटे के गणित के शिक्षक के पद पर नियुक्त किया था।

शेख अबुल-फ़ैज़ का प्रचलित नाम फ़ैज़ी था। यह मध्यकालीन भारत का फारसी कवि था। **सन् 1577 ई.में** वह अकबर का विशेष कवि (मलिक-उश-शु'आरा) बन गया था। फ़ैज़ी, अबुल फ़ज़ल का बड़ा भाई था। सम्राट अकबर ने उसे अपने बेटे के गणित के शिक्षक के पद पर नियुक्त किया था। बाद में अकबर ने उसे अपने नवरत्नों में से एक चुना था। फ़ैज़ी के पिता का नाम शेख मुबारक नागौरी था।

यह सिंध के सिविस्तान, सहवान के निकट रेल नामक स्थान के एक सिन्धी शेख, शेख मूसा की पांचवीं पीढ़ी से थे। इनका जन्म आगरा में हुआ। पूरी शिक्षा अपने पिता से प्राप्त की। शेख मुबारक सुन्नी, शिया, महदवी सबसे सहानुभूति रखते थे। फ़ैज़ी तथा अबुल फ़ज़ल इसी दृष्टिकोण के कारण अकबर के राज्यकाल में सुलह-ए-कुल (धार्मिक सहिष्णुता) की नीति को स्पष्ट रूप दे सके।

हुमायूँ के पुन: हिंदुस्तान का राज्य प्राप्त कर लेने पर ईरान के अनेक विद्वान भारत पहुँचे। वे शेख मुबारक के मदरसे आगरा में भी आए। फैज़ी को उनके विचारों से अवगत होने का

अवसर मिला। **सन् 1567 ई.में** फ़ैज़ी शाही दरबार के कवि बने किंतु अभी तक धार्मिक विषयों पर अकबर ने स्वतंत्र रूप से निर्णय लेना प्रारंभ नहीं किया था। अत: दरबार के आलिमों के अत्याचार के कारण शेख मुबारक, फ़ैज़ी तथा अबुल फ़ज़ल को कुछ समय तक बड़े कष्ट भोगने पड़े।

सन् 1574 ई.में अबुल फ़ज़ल भी दरबार में पहुँचे। उस समय से फ़ैज़ी की भी उन्नति होने लगी। **सन् 1578 ई.में** अकबर ने अपने पुत्र शहज़ादे सलीम व मुराद की शिक्षा का भार उनको दिया। **सन् 1579 ई.में** अकबर ने फतेहपुर की जामा मस्जिद में जो खुतबा पढ़ा उसकी रचना फ़ैज़ी ने की थी। **सन् 1581 ई.में** इन्हें अकबर द्वारा आगरा, कालपी एवं कालिंजर का सदर नियुक्त किया गया।

11 फ़रवरी, सन् 1589 ई.को उन्हें **'मलिकुश्शु अरा'** (कवि सम्राट) की उपाधि प्रदान की गई। अगस्त, **सन् 1591 ई.में** उन्हें खानदेश के राजा अली खां एवं अहमदनगर के बुरहानुल मुल्क के पास राजदूत बनाकर भेजा गया। 1 वर्ष 8 माह 14 दिन के बाद वह दरबार में वापस पहुँचे। दक्षिण से जो पत्र उन्होंने अकबर के पास भेजे उन्हें उनके भानजे नूरुद्दीन मुहम्मद अब्दुल्लाह ने लतीफ़े फ़ैज़ी के नाम से संकलित कर दिया है।

इन पत्रों से उस समय की सामाजिक एवं सांस्कृतिक दशा का बड़ा अच्छा ज्ञान प्राप्त होता है तथा ईरान और तूरान के विद्वानों एवं अकबर द्वारा विद्वानों के प्रोत्साहन पर प्रकाश पड़ता है। **सन् 1594 ई.में** उसने निज़ामी गंजबी के खम्से (पाँच मसनवियों का संग्रह) के समान पाँच मसनवियों की रचना की योजना बनाई जिसमें निज़ामी के मखज़ने असरार के समान मरक़ज़े अदवार की और लैला मजनू के समान नल दमन (राजा नल तथा दमयंती की प्रेम कथा) की रचना समाप्त कर ली।

नलदमन को उसने स्वयं उसी वर्ष अकबर को समर्पित किया। सिकंदरनामा के समान अकबरनामा की रचना की योजना बनाई किंतु केवल गुजरात विजय पर कुछ शेर लिख सका। अमीर खुसरो और शीरीं के समान सुलेमान और बिलकिस तथा हफ्त पैकर के समान हफ्त किश्वर की रचना की भी उसने योजना बनाई थी किंतु उन्हें पूरा न कर सका।

सन् 1593 ई.में उसने कुरान की अरबी में एक टीका लिखी जिसमें केवल ऐसे शब्दों का प्रयोग किया है जिनके अक्षरों पर नुक्ते नहीं है। फैजी की गज़लों का संग्रह (दीवान) भी बड़ा महत्वपूर्ण है। उसके शेरों का लोहा ईरान वाले भी मानते हैं। उत्साह एवं स्वतंत्र दार्शनिक विचार उसके शेरों की मुख्य विशेषता हैं। उसे धार्मिक संकीर्णता से बहुत घृणा थी और वह दरवेशों, फ़क़ीरों तथा संतों से आदर पूर्वक व्यवहार करता था।

उसका पुस्तकालय बड़ा विशाल था। फ़ैज़ी ने भास्कराचार्य के गणित पर प्रसिद्ध संस्कृत ग्रंथ, लीलावती का फारसी में अनुवाद किया। उसमें निहित प्रस्तावना के अनुसार यह कार्य

सन् 1587 ई.में पूरा हुआ था। दक्खिन से वापस लौटने के कुछ वर्षोपरांत फ़ैज़ी को क्षय रोग अत्यधिक बढ़ जाने से आगरा में उनकी मृत्यु हो गई। पहले उन्हें आगरा में रामबाग में दफ़नाया गया किन्तु बाद में सिकंदरा के निकट उनके मकबरे में दफ़नाया गया।

तानसेन (संगीतकार)

अकबर के दरबार में तानसेन एक अद्भुत विलक्षण संगीतज्ञ थे। वह कविता भी लिखा करते थे। तानसेन ने मल्हार राग की खोज की थी। तानसेन के बचपन का नाम तन्ना मिश्रा या फिर राम पांडे था। माना जाता है कि तानसेन को दीपक राग का बहुत संपूर्ण और अथक ज्ञान था।

तानसेन या रामतनु हिन्दुस्तानी शास्त्रीय संगीत के एक महान ज्ञाता थे। उन्हें सम्राट अकबर के नवरत्नों में भी गिना जाता है। संगीत सम्राट तानसेन की नगरी ग्वालियर के लिए कहावत प्रसिद्ध है कि यहाँ बच्चे रोते हैं तो सुर में और पत्थर लुढ़कते हैं तो ताल में। इस नगरी ने पुरातन काल से आज तक एक से बढ़कर एक संगीत प्रतिभाएं संसार को दी हैं और संगीतकार सूर्य तानसेन इनमें सर्वोपरि है।

तानसेन ने हरिदास के साथ वृन्दावन में संगीत की शिक्षा ग्रहण की। तानसेन ने मानसिंह की विधवा पत्नी मृगनयनी से संगीत की शिक्षा प्राप्त की। प्रारम्भ से ही तानसेन में दूसरों की नकल करने की अपूर्व क्षमता थी। बालक तानसेन पशु-पक्षियों की तरह- तरह की बोलियों की सच्ची नकल करता था और हिंसक पशुओं की बोली से लोगों को डराया करता था।

इसी बीच स्वामी हरिदास से उनकी भेंट हो गई । उनसे मिलने की भी एक मनोरंजक घटना है। उनके अलग-अलग बोलियों को बोलने की प्रतिभा को देखकर वो काफ़ी प्रभावित हुए। स्वामी जी ने उन्हें उनके पिता से संगीत सिखाने के लिए माँग लिया। इस तरह तानसेन को संगीत का ज्ञान हुआ।

तानसेन के चार पुत्र हुए- सुरतसेन, शरतसेन, तरंगसेन और विलास ख़ान तथा सरस्वती नाम की एक पुत्री। एक दिन जलने वालों ने तानसेन के विनाश की योजना बना डाली। इन सबने बादशाह अकबर से तानसेन से 'दीपक' राग गाए जाने की प्रार्थना की। अकबर को बताया गया कि इस राग को तानसेन के अलावा और कोई ठीक-ठीक नहीं गा सकता।

बादशाह राज़ी हो गए और तानसेन को दीपक राग गाने की आज्ञा दी। तानसेन ने इस राग का अनिष्टकारक परिणाम बताए बिना ही राग गाने से मना कर दिया, फिर भी अकबर का राजहठ नहीं टला और तानसेन को दीपक राग गाना ही पड़ा। दीपक राग गाने से जब तानसेन के अंदर अग्नि राग भी शुरू हुआ और गर्मी बढ़ी व धीरे-धीरे वायुमंडल अग्निमय हो गया।

सुनने वाले अपने-अपने प्राण बचाने को इधर-उधर छुप गए किंतु तानसेन का शरीर अग्नि की ज्वाला से दहक उठा। ऐसी हालत में तानसेन वडनगर पहुंचे और वहाँ भक्त कवि नरसिंह

मेहता की बेटी कुवरबाई की बेटी शर्मिष्ठा की बेटियों ताना-रिरि ने मल्हार राग गाकर उनके जीवन की रक्षा की। इस घटना के कई महीनों बाद तानसेन का शरीर स्वस्थ हुआ। शरीर के अंदर ज्वर बैठ गया था।

आखिरकार वह ज्वर फिर उभर आया और फ़रवरी, **सन् 1586 ई.** में इसी ज्वर ने उनकी जान ले ली। ग्वालियर से लगभग 45 कि॰मी॰ दूर ग्राम बेहट में श्री मकरंद बघेल के यहाँ तानसेन का जन्म ग्वालियर के तत्कालीन प्रसिद्ध फ़क़ीर हजरत मुहम्मद गौस के वरदान स्वरूप हुआ था। कहते है कि श्री मकरंद बघेल के कई संताने हुई लेकिन एक पर एक अकाल ही काल कवलित होती चली गईं।

इससे निराश और व्यथित श्री मकरंद बघेल सूफी संत मुहम्मद गौस की शरण में गए और उनकी दुआ से **सन् 1500 ई.** में तन्ना उर्फ तनसुख उर्फ त्रिलोचन का जन्म हुआ, जो आगे चलकर तानसेन के नाम से विख्यात हुआ। तानसेन के आरंभिक काल में ग्वालियर पर कलाप्रिय राजा मानसिंह तोमर का शासन था। उनके प्रोत्साहन से ग्वालियर संगीत कला का वह विख्यात केन्द्र था, जहां पर बैजूबावरा, कर्ण और महमूद जैसे महान संगीताचार्य और गायक गण एकत्र थे।

इन्हीं के सहयोग से राजा मानसिंह तोमर ने संगीत की धुपद गायकी का आविष्कार और प्रचार किया था। तानसेन की संगीत शिक्षा भी इसी वातावरण में हुई। राजा मानसिंह तोमर की मृत्यु होने और विक्रमाजीत से ग्वालियर का राज्याधिकार छिन जाने के कारण यहाँ के संगीतज्ञों की मंडली बिखरने लगी। तब तानसेन भी वृन्दावन चले गये और वहाँ उन्होंने स्वामी हरिदास जी से संगीत की उच्च शिक्षा प्राप्त की।

संगीत शिक्षा में पारंगत होने के उपरांत तानसेन शेरशाह सूरी के पुत्र दौलत ख़ाँ के आश्रय में रहे और फिर बांधवगढ़ (रीवा) के राजा रामचन्द्र के दरबारी गायक नियुक्त हुए। मुग़ल सम्राट अकबर ने उनके गायन की प्रशंसा सुनकर उन्हें अपने दरबार में बुला लिया और अपने नवरत्नों में स्थान दिया। अकबर के नवरत्नों तथा मुग़लकालीन संगीतकारों में तानसेन का नाम परम-प्रसिद्ध है।

यद्यपि काव्य-रचना की दृष्टि से तानसेन का योगदान विशेष महत्त्वपूर्ण नहीं कहा जा सकता। परन्तु संगीत और काव्य के सहयोग की दृष्टि से, जो भक्तिकालीन काव्य की एक बहुत बड़ी विशेषता थी, तानसेन साहित्य के इतिहास में अवश्य उल्लेखनीय हैं। तानसेन अकबर के नवरत्नों में से एक थे।

एक बार अकबर ने उनसे कहा कि वो उनके गुरु का संगीत सुनना चाहते हैं। गुरु हरिदास तो अकबर के दरबार में आ नहीं सकते थे। लिहाजा इसी निधि वन में अकबर हरिदास का संगीत सुनने आए। हरिदास ने उन्हें कृष्ण भक्ति के कुछ भजन सुनाए थे। अकबर हरिदास से

इतने प्रभावित हुए कि वापस जाकर उन्होंने तानसेन से अकेले में कहा कि आप तो अपने गुरु की तुलना में उनके कहीं आस-पास भी नहीं हैं।

फिर तानसेन ने जवाब दिया कि जहाँपनाह हम इस ज़मीन के बादशाह के लिए गाते हैं और हमारे गुरु इस ब्रह्मांड के बादशाह के लिए गाते हैं तो फर्क तो होगा ना। तानसेन के नाम के संबंध में मतैक्य नहीं है। कुछ का कहना है कि 'तानसेन' उनका नाम नहीं, उनकों मिली उपाधि थी। तानसेन मौलिक कलाकार थे। वे स्वर-ताल में गीतों की रचना भी करते थे।

तानसेन के तीन ग्रंथों का उल्लेख मिलता है-

1. 'संगीतसार',

2. 'रागमाला',

3. 'श्री गणेश स्तोत्र'

भारतीय संगीत के इतिहास में ध्रुपदकार के रूप में तानसेन का नाम सदैव अमर रहेगा। इसके साथ ही ब्रजभाषा के पद-साहित्य का संगीत के साथ जो अटूट संबंध रहा है, उसके संदर्भ में भी तानसेन चिरस्मरणीय रहेंगे। संगीत सम्राट तानसेन अकबर के अनमोल नवरत्नों में से एक थे। संगीत कला के रत्न थे। इस कारण उनका बड़ा सम्मान था।

संगीत गायन के बिना अकबर का दरबार सूना रहता था। तानसेन के ताऊ बाबा रामदास उच्च कोटि के संगीतकार थे। वह वृंदावन के स्वामी हरिदास के शिष्य थे। उन्हीं की प्रेरणा से बालक तानसेन ने बचपन से ही संगीत की शिक्षा पाई। स्वामी हरिदास के पास तानसेन ने बारह वर्ष की आयु तक संगीत की शिक्षा पाई।

वहीं उन्होंने साहित्य एवं संगीत शास्त्र की शिक्षा प्राप्त की। संगीत की शिक्षा प्राप्त करके तानसेन देश यात्रा पर निकल पड़े। उन्होंने अनेक स्थानों की यात्रा की और वहाँ उन्हें संगीत-कला की प्रस्तुति पर बहुत प्रसिद्धि तो मिली लेकिन गुजारे लायक धन की उपलब्धि नहीं हुई। एक बार वह रीवा (मध्य प्रदेश) के राजा रामचंद्र के दरबार में गाने आए।

उन्होंने तानसेन का नाम तो सुना था पर गायन नहीं सुना था। उस दिन तानसेन का गायन सुनकर राजा रामचंद्र मुग्ध हो गए। उसी दिन से तानसेन रीवा में ही रहने लगे और उन्हें राज गायक के रूप में हर तरह की आर्थिक सुविधा के साथ सामाजिक और राजनैतिक सम्मान दिया गया। तानसेन पचास वर्ष की आयु तक रीवा में रहे।

इस अवधि में उन्होंने अपनी संगीत-साधना को मोहक और लालित्यपूर्ण बना लिया। हर ओर उनकी गायकी की प्रशंसा होने लगी। अकबर के ही सलाहकार और नवरत्नों में से एक अब्दुल फ़ज़ल ने तानसेन के संगीत की प्रशंसा में अकबर को चिट्ठी लिखी और सुझाव दिया कि तानसेन को अकबरी-दरबार का नवरत्न होना चाहिए।

अकबर तो कला-पारखी थे ही। ऐसे महान संगीतकार को रखकर अपने दरबार की शोभा बढ़ाने के लिए बेचैन हो उठे। उन्होंने तानसेन को बुलावा भेजा और राजा रामचंद्र को पत्र लिखा। किंतु राजा रामचंद्र अपने दरबार के ऐसे कलारत्न को भेजने के लिए तैयार न हुए।

बात बढ़ी और युद्ध तक पहुँच गई और बहुत मान-मनौव्वल के बाद भी राजा रामचंद्र नहीं माने तो अकबर ने मुग़लिया सल्तनत की एक छोटी सी टुकड़ी तानसेन को जबरदस्ती लाने के लिए भेज दिया पर राजा राम चंद्र जूदेव और अकबर के सैनिकों के बीच युद्ध हुआ और अकबर के सभी सैनिक मारे गए। इसमें रीवा राजा के भी कई सैनिक मारे गए। इससे अकबर ने कुद्ध होकर एक बड़ी सैनिक टुकड़ी भेजी

उधर रीवा के राजा फिर से युद्ध के लिए तैयार हुए तब तानसेन रीवा के राजा के पास पहुंचे और युद्ध न करने की अपील किया , पर राजा बहुत जिद्दी थे नहीं माने। उन्होंने अकबर के दरबार में संदेश भेज दिया की "यदि बादशाह याचना पत्र भेजे तो मैं तानसेन को भेज दूंगा'' अकबर भी छोटी-छोटी सी बात पर राजपूतों से युद्ध नहीं करना चाहते थे।

तब अकबर ने याचना पत्र भेज दिया और राजा रामचंद्र जूदेव ने सहर्ष, ससम्मान तानसेन को दिल्ली भेज दिया और एक बड़ा युद्ध टल गया। अकबर के दरबार में आकर तानसेन पहले तो खुश न थे लेकिन धीरे-धीरे अकबर के प्रेम ने तानसेन को अपने निकट ला दिया। अकबर के दरबार में तानसेन को नवरत्न की ख्याति मिलने लगी थी।

इस कारण उनके शत्रुओं की संख्या भी बढ़ रही थी। कुछ दिनों बाद तानसेन का ठाकुर सन्मुख सिंह बीनकार से मुकाबला हुआ। वे बहुत ही मधुर बीन बजाते थे। दोनों में मुकाबला हुआ किंतु सन्मुख सिंह बाजी हार गए। **सन् 1586 ई.में** तानसेन की मृत्यु आगरा में हो गई और संगीतकार तानसेन की इच्छा अनुसार मुहम्मद गौस के मकबरे के समीप तानसेन का मकबरा बनाया गया जो ग्वालियर में है।

तानसेन ने भारतीय संगीत को बड़ा आदर दिलाया। उन्होंने कई राग-रागिनियों की भी रचना की। 'मियां की मल्हार' 'दरबारी कान्हड़ा' 'गुजरी तोड़ी' या 'मियां की तोड़ी' तानसेन की ही देन है। तानसेन कवि भी थे। उनकी काव्य कृतियों के नाम थे - 'रागमाला', 'संगीतसार' और 'गणेश स्तोत्र'। 'रागमाला' के आरंभ में दोहे दिए गए हैं।

सुर मुनि को परनायकरि, सुगम करौ संगीत।

तानसेन वाणी सरस जान गान की प्रीत।।

राजा बीरबल (विदूषक, सैन्य एवं प्रशासन)

राजा बीरबल दरबार के विदूषक और अकबर के विशेषज्ञ व सलाहकार थे। इसके अलावा वह महान कवि भी थे। उनके द्वारा लिखी ब्रह्म के नाम से कविताएं राजस्थान के भरतपुर

संग्रहालय में आज भी मौजूद है। ये परम बुद्धिमान कहे जाते हैं। इनके अकबर के संग किस्से आज भी कहे जाते हैं।

अकबर के प्रसिद्ध मंत्रियों में '**बीरबल**' का नाम विख्यात है। यह निर्विवाद है कि अकबर के दरबारों के नवरत्नों में से वे एक थे और वाक्चातुर्य तथा विनोदप्रियता में विख्यात थे। लतीफों के क्षेत्र में उनकी प्रसिद्धि उनके इस गुण के कारण हुई होगी, यह बात दूसरी है कि उनके नाम से प्रसिद्ध हास्य-व्यंग के चुटकुले वस्तुत: उनके द्वारा कहे गए अथवा लिखे गए हैं या नहीं।

कालांतर में इतनी अधिक प्रसिद्धि पाने पर भी उनके जीवन चरित्र के कही प्रामाणिक आधार नहीं मिलते और विशेष रूप से जीवन की प्रारम्भिक अवस्था के बारे में अबुल फ़ज़ल ने '**आइन-ए-अकबरी**' में उनके विषय में पर्याप्त लिखा है लेकिन प्रारंभिक जीवन के विषय में कोई संकेत नहीं दिया है।

बीरबल (**सन् 1528 - 1586 ई.**) का असली नाम महेश था और जो मुग़ल बादशाह अकबर के प्रशासन में मुग़ल दरबार का प्रमुख वजीर (वजीर-ए-आजम) था। बीरबल महान सम्राट अकबर के राजदरबार के नवरत्नों में प्रमुख थे। साधारणतया बीरबल का उल्लेख एक विदूषक के रूप में होता है।

अकबर-बीरबल की आपसी नोक-झोक, हास-परिहास के सैकड़ों किस्से व चुटकुले जनशुतियों में प्रचलित हैं। जिनके आधार पर बीरबल के विषय में एक आम धारणा यह है कि बीरबल एक विदूषक थे और जिनका एकमात्र काम अकबर का मनोविनोद करना और राज दरबार के गंभीर वातावरण को हल्का बनाना था।

लेकिन वास्तविकता ऐसी नहीं है, तत्कालीन ऐतिहासिक ग्रंथो के अध्ययन से बीरबल के बहुआयामी व्यक्तित्व के सम्बन्ध में ढेर सारे अकाट्य प्रमाण मिलते हैं और यह निष्कर्ष निकलता है कि बीरबल मात्र एक विदूषक ही नहीं बल्कि एक बहादुर योद्धा, प्रख्यात दानवीर, रीति-नीति व धर्म के प्रकांड विद्वान तथा तत्कालीन रीति परंपरा के कुशल कवि थे।

कवि भूषण ने अपने ग्रन्थ शिवराज भूषण में बीरबल को घाटमपुर तहसील के तिकंवपुर नामक गाँव का निवासी बताया है किन्तु स्थानीय जनशुतियों के अनुसार बीरबल दाहिलर नामक गाँव के निवासी थे। चूँकि दाहिलर और तिकंवरपुर पास-पास ही स्थित है अत: इस विवाद में अधिक गुंजाइश नहीं है। अकबर के अलावा यह दूसरे व्यक्ति थे जिन्होंने दीन- ए-इलाही धर्म माना था।

वे हिंदी, संस्कृत तथा फ़ारसी के अच्छे जानकार थे। ब्रजभाषा में 'ब्रह्म' उपनाम से लिखी कवितायें साहित्य की अनुपम धरोहर हैं। बीरबल की उपाधि इन्हें सम्राट अकबर से मिली थी। कहा जाता है कि अकबर के दरबार में जाने से पहले काफ़ी दिनों तक वे कालपी, कालिंजर तथा रीवा नरेश के दरबार में भी कवि के रूप में रह चुके थे। अकबर की लोकप्रियता की

खबर सुनकर ही ये दरबार में गए थे। उनकी काव्य-कुशलता और वाक्पटुता से अकबर इतना प्रभावित हुआ कि उसने राजा बीरबल की उपाधि तथा कई गाँव की जागीर देकर इन्हें स्थायी रूप से अपने पास रख लिया। सम्राट अकबर बीरबल की विद्वत्ता और वाक्पटुता से इतना अधिक प्रभावित थे कि उसने बीरबल को सेवक नहीं, एक अतरंग मित्र का स्थान दे रखा था।

कहा जाता है कि हिन्दू धर्म के प्रति अकबर की उदारता और सहिष्णुता बीरबल की प्रेरणा की वजह से ही थी। सम्राट अकबर बीरबल से इतना अधिक प्रभावित थे कि इसका उल्लेख अबुल फ़जल ने अकबरनामा में कई जगह किया है। बीरबल भी पूर्णरूपेण सम्राट अकबर के प्रति समर्पित थे।

उन्होंने अकबर की न सिर्फ बौद्धिक पिपासा शांत की बल्कि विभिन्न युद्धों में भाग लेकर अकबर के साम्राज्य विस्तार में भी उन्होंने सक्रिय योगदान दिया। बीरबल का देहांत **सन् 1586 ई.**को पश्चिमोत्तर प्रान्त की लड़ाई में लड़ते हुए ही हुआ था।

राजा टोडरमल (भूमि प्रबंधन, राजस्व)

राजा टोडरमल सम्राट अकबर के राजस्व और वित्त मंत्री थे। इन्होंने पूरे विश्व की प्रथम भूमि लेखा-जोखा एवं मापन प्रणाली की खोज की थी। यह सम्राट अकबर के साम्राज्य के राजस्व प्रणाली सुधार के लिए जिम्मेदार थे।

टोडरमल अकबर के नवरत्नों में से एक थे। टोडरमल का जन्म लहरपुर में हुआ था, यह सीतापुर जिले में स्थित था। अकबर के समय से प्रारंभ हुई भूमि पैमाइश का आयोजन टोडरमल के द्वारा ही किया गया था। बिहार के पटना शहर के दीवान मोहल्ले में नौजरघाट स्थित चित्रगुप्त मंदिर का पुननिर्माण राजा टोडरमल तथा उनके नायब रहे कुवर किशोर बहादुर ने करवाकर, कसौटी पत्थर की चित्रगुप्त की मूर्ति हिजरी **980** तदनुसार **सन् 1574 ई.**में स्थापित कराई थी।

जनपद हरदोई में उत्तर प्रदेश राज्य के राजस्व अधिकारियों के लिए बनाये गये एकमात्र राजस्व प्रशिक्षण संस्थान का नाम इनके नाम पर राजा टोडरमल भूलेख प्रशिक्षण संस्थान रखा गया है। जहां **आईएएस, आईपीएस, पीसीएस, पीपीएस** के अलावा राजस्व कर्मियों को भूलेख संबंधी प्रशिक्षण दिया जाता है।

टोडरमल का जन्म उत्तर प्रदेश में सीतापुर के करीब लहार में हुआ था। इतिहासकारों के मतानुसार टोडरमल कायस्थ थे। जब वे छोटे थे तभी उनके पिता की मृत्यु हो गई। उनके लिए आजीविका का कोई साधन नहीं था। उन्होंने अपना जीवन सामान्य लेखक के रूप से शुरू किया था। धीरे-धीरे तरक्की कर आगे बढ़ा।

तब शेरशाह सूरी ने पंजाब के रोहतास के एक नए किले के निर्माण के लिए टोडरमल को भेजा। जिसके कारण उन्हें धाकड़ छापेमारी को रोकने और उत्तर-पश्चिम में मुग़लों के लिए

बाधा का कार्य करना था। मुग़लों द्वारा सूर वंश को उखाड़ फेंके जाने के बाद टोडरमल शासक सत्ता की सेवा में लगे रहे, जो अब मुग़ल सम्राट अकबर का था।

अकबर के अधीन उन्हें आगरा का प्रभारी नियुक्त किया गया। बाद में उन्हें गुजरात का राज्यपाल बनाया गया। कई बार उन्होंने बंगाल में अकबर की टकसाल का प्रबन्धन भी किया और पंजाब में भी सेवा की। टोडरमल का सबसे महत्वपूर्ण योगदान, जिसे आज भी सराहा जाता है वह यह है कि उन्होंने अकबर के मुग़ल साम्राज्य की राजस्व प्रणाली को नई व्यवस्था प्रदान कर दी।

राजा टोडरमल ने उत्तर प्रदेश के सीतापुर जिले के लहरपुर में अपने लिए एक किले का निर्माण किया था। टोडरमल ने भी भागवत पुराण का फारसी में अनुवाद किया था। **8 नवंबर, सन् 1589 ई.**को लाहौर में टोडरमल की मृत्यु के बाद उनके शरीर का हिंदू परंपराओं के अनुसार अंतिम संस्कार किया गया।

समारोह में लाहौर के प्रभारी उनके सहयोगी राजा भगवान दास उपस्थित थे। टोडरमल के दो बेटों में से एक धारी सिंध के युद्ध में मारा गया था। एक अन्य पुत्र कल्याण दास को टोडरमल ने हिमालय के कुमाऊँ के राजा को वश में करने के लिए भेजा था।

राजा मानसिंह (सेनापति)

राजा मानसिंह आम्बेर(जयपुर) के कछवाहा राजपूत राजा थे। ये जोधा बेगम के भाई के पुत्र थे। राजा मानसिंह सम्राट अकबर की सेना के प्रधान सेनापति भी थे।

राजा मान सिंह आमेर(आम्बेर) के कछवाहा राजपूत राजा थे। उन्हें 'मानसिंह प्रथम' के नाम से भी जाना जाता है। राजा भगवंत दास इनके पिता थे। वह अकबर की सेना के प्रधान सेनापति थे। उन्होंने आमेर के मुख्य महल का निर्माण कराया। महान इतिहासकार कर्नल जेम्स टॉड ने लिखा है-"भगवान दास के उत्तराधिकारी मानसिंह को अकबर के दरबार में श्रेष्ठ स्थान मिला था।

मानसिंह ने "उड़ीसा और असम" को जीत कर उनको बादशाह अकबर के अधीन बना दिया। राजा मानसिंह से भयभीत होकर काबुल को भी अकबर की अधीनता स्वीकार करनी पड़ी थी। अपने इन कार्यों के फलस्वरूप मानसिंह बंगाल, बिहार, दक्षिण और काबुल का शासक नियुक्त हुआ था।"

जब अकबर के सेनापति मानसिंह सोलापुर महाराष्ट्र पर विजय करके लौट रहे थे तो मानसिंह ने प्रताप से मिलने का विचार किया। प्रताप उस वक़्त कुम्भलगढ़ में थे। अपनी राज्य सीमा मेवाड़ के भीतर से गुजरने पर (किंचित अनिच्छापूर्वक) महाराणा प्रताप को उनके स्वागत का प्रबंध उदयपुर के उदयसागर की पहल पर करना पड़ा।

स्वागत-सत्कार एवं परस्पर बातचीत के बाद भोजन का समय भी आया। महाराजा मानसिंह भोजन के लिए आये किन्तु महाराणा को न देख कर आश्चर्य में पड़ गये। उन्होंने महाराणा के पुत्र अमर सिंह से इसका कारण पूछा तो उसने बताया कि 'महाराणा साहब के सिर में दर्द है अत: वे भोजन पर आपका साथ देने में असमर्थ हैं।'

कुछ इतिहासकारों के अनुसार यह घटना हल्दीघाटी के युद्ध का कारण भी बनी। अकबर को राणा प्रताप के इस व्यवहार के कारण मेवाड़ पर आक्रमण करने का एक और मौका मिल गया। **सन् 1576 ई.**में 'महाराणा प्रताप सिंह को दण्ड देने' के अभियान पर नियत हुए। मुग़लों की विशाल सेना टिड्डी दल की तरह मेवाड़ की ओर उमड़ पड़ी।

इसमें मुग़ल, राजपूत और पठान योद्धाओं के साथ अकबर का जबरदस्त तोपखाना भी था। अकबर के प्रसिद्ध सेनापति महावत खाँ, आसफ खाँ और महाराजा मानसिंह के साथ अकबर का शहजादा सलीम उस मुग़ल सेना का संचालन कर रहे थे, जिसकी संख्या इतिहासकार **80 हजार से 1 लाख** तक बताते हैं।

उस विशाल मुग़ल सेना का कड़ा मुकाबला राणा प्रताप ने अपने मुट्ठी भर (सिर्फ बीस-बाईस हजार) सैनिकों के साथ किया। हल्दी घाटी की पीली भूमि रक्तरंजित हो उठी। **सन् 1576 ई.**के **21 जून** को गोगुन्दा के पास हल्दीघाटी में प्रताप और मुग़ल सेना के बीच एक दिन के इस भयंकर संग्राम में सत्रह हज़ार सैनिक मारे गए।

यहीं राणा प्रताप और मानसिंह का आमना-सामना होने पर दोनों के बीच विकट युद्ध हुआ। चेतक की पीठ पर सवार प्रताप ने अकबर के सेनापति मानसिंह के हाथी के मस्तक पर काले-नीले रंग के अरबी नस्ल के अश्व चेतक के पाँव जमा दिए और अपने भाले से सीधा राजा मानसिंह पर एक प्रलयकारी वार किया पर अपने हाथी के मज़बूत हौदे में चिपक कर नीचे बैठ जाने से इस युद्ध में उनकी जान बच गई।

हौदा प्रताप के दुर्घर्ष वार से बुरी तरह मुड़ गया। बाद में जब गंभीर घायल होने पर राणा प्रताप जब हल्दीघाटी की युद्धभूमि से दूर चले गए तब राजा मानसिंह ने उनके महलों में पहुँच कर प्रताप के प्रसिद्ध हाथियों में से एक हाथी रामप्रसाद को दूसरी लूट के सामान के साथ आगरा-दरबार भेजा।

परन्तु मानसिंह ने चित्तौड़गढ़ के नगर को लूटने की आज्ञा नहीं दी थी, यह जान कर बादशाह अकबर इन पर काफ़ी कुपित हुआ और कुछ वक़्त के लिए दरबार में इनके आने पर प्रतिबंध तक लगा दिया। जेम्स टॉड के शब्दों में - "जिन दिनों में अकबर भयानक रूप से बीमार हो कर अपने मरने की आशंका कर रहा था, मानसिंह ने खुसरो को मुग़ल सिंहासन पर बैठने के लिए षड्यंत्रों का जाल बिछा दिया था।

उसकी यह चेष्टा दरबार में सब को ज्ञात हो गई और वह बंगाल का शासक बना कर भेज दिया गया। उसके चले जाने के बाद खुसरो को कैद करके कारागार में रखा गया। मानसिंह चतुर

और दूरदर्शी था। वह छिपे तौर पर ख़ुसरो का समर्थन करता रहा। मानसिंह के अधिकार में बीस हज़ार राजपूतों की सेना थी। इसलिए बादशाह ने कभी प्रकट रूप से उसके साथ शत्रुता नहीं की ।

कुछ इतिहासकारों ने लिखा है- "अकबर ने दस करोड़ रुपये दे कर मानसिंह को अपने अनुकूल बना लिया था। अकबर शासन में जब राजा भगवंत दास पंजाब के सूबेदार नियुक्त हुए तब सिंध के पार सीमांत प्रांत का शासन उनके कुँवर मानसिंह को दिया गया। जब 30वें वर्ष में अकबर के सौतेले भाई मिर्ज़ा मुहम्मद हक़ीम की (जो कि काबुल का शासनकर्ता था) मृत्यु हो गई।

तब मानसिंह ने आज्ञानुसार फुर्ती से काबुल पहुँच कर वहाँ के निवासियों को शासक के निधन के बाद उत्पन्न लूटपाट से निजात दिलाई। उनके पुत्र मिर्ज़ा अफ़रासियाब और मिर्ज़ा कँकुवाद को राज्य के अन्य सरदारों के साथ लेकर वे दरबार में आए। अकबर ने सिंध नदी पर कुछ दिन ठहर कर कुँवर मानसिंह को काबुल का शासनकर्ता नियुक्त किया।

इन्होंने बड़ी बहादुरी के साथ रूशानी लुटेरों को, जो विद्रोहपूर्ण खैबर के दौरे को रोके हुए थे, का सफाया किया। जब राजा बीरबल स्वाद प्रांत में यूसुफ़जई के युद्ध में मारे गए और जैन ख़ाँ कोका और हक़ीम अबुल फ़तह दरबार में बुला लिए गए तब यह कार्य मानसिंह को सौंपा गया। अफगानिस्तान में जाबुलिस्तान के शासन पर पहले पिता भगवंत दास नियुक्त हुए।

राजा भगवानदास की मृत्यु हो जाने पर उनका दत्तक पुत्र राजा मानसिंह जयपुर के सिंहासन पर बैठा। कर्नल जेम्स टॉड ने लिखा है- "मानसिंह के शासनकाल में आमेर राज्य ने बड़ी उन्नति की। मुग़ल दरबार में सम्मिलित हो कर मानसिंह ने अपने राज्य का विस्तार किया उसने अनेक राज्यों पर आक्रमण कर के जो अपरिमित संपत्ति लूटी थी, उसके द्वारा आमेर राज्य को शक्तिशाली बना दिया।

भारतवर्ष के इतिहास में कछवाहों(अथवा कुशवाहों) को शूरवीर नहीं माना गया पर राजा भगवान दास और मानसिंह के समय कछवाहा लोगों ने खुतन से समुद्र तक अपने बल, पराक्रम और वैभव की प्रतिष्ठा की थी। धौलाराय के बाद आमेर जो एक मामूली राज्य समझा जाता था। मानसिंह के समय वही एक शक्तिशाली और विस्तृत राज्य हो गया था।

मानसिंह अकबर की अधीनता में ज़रूर था पर उसके साथ काम करने वाली राजपूत सेना, बादशाह की सेना से कहीं अधिक शक्तिशाली समझी जाती थी।

कर्नल जेम्स टॉड की इस बात से दूसरे कुछ इतिहासकार सहमत नहीं हैं। उनका कथन है कि मानसिंह भगवान दास का गोद लिया पुत्र नहीं था बल्कि वह तो भगवंत दास का लड़का था।

भगवानदास और भगवंत दास दोनों भाई थे। मुग़ल-इतिहास की किताबों से ज़ाहिर होता है कि अकबर के आदेश पर उनके अनुभवी अधिकारी महाराजा मानसिंह, स्थानीय सूबेदार कुतुबुद्दीन

खान और आमेर के राजा भगवंत दास ने गोगुन्दा और मेवाड़ के जंगलों में महाराणा प्रताप को पकड़ने के लिए बहुत खोजबीन की पर अंतत: वे असफल रहे तो अकबर बड़ा कुद्ध हुआ।

यहाँ तक **सन् 1577 ई.**में तो उन दोनों (कुतुबुद्दीन खान और राजा भगवंत दास) की 'ड्योढ़ी तक बंद' कर दी गई । मुस्लिम इतिहासकारों ने लिखा है कि हिजरी 1024 **सन् 1615 ई.**में मानसिंह की बंगाल में मृत्यु हुई। परन्तु दूसरे इतिहासकारों के विवरण से पता चलता है कि मानसिंह उत्तर की तरफ खिलजी बादशाह से युद्ध करने गया था और जहाँ वह **सन् 1617 ई.**में मारा गया। मानसिंह के देहांत के बाद उसका बेटा भावसिंह गद्दी पर बैठा।

मुल्ला दो पियाजा (सलाहकार)

मुल्ला दो पियाजा ने अकबर के सलाहकार के रूप में भी अपना योगदान दिया हुआ है। इनको बात काटने और प्याज खाने का भी बहुत शौक था। मुग़ल बादशाह अकबर के दरबार में शामिल 9 रत्नों में बीरबल, फैजी और तानसेन का नाम बहुत ही मशहूर है। इसके अलावा 'मुल्ला दो प्याज़ा' नाम का एक शख्स भी इन्हीं नवरत्नों में शामिल था, जिसके बारे में कम ही लोग जानते हैं। इसका वास्तविक नाम अबुल हसन था। इसे आप जुगाड़ू किस्म का व्यक्ति भी कह सकते हैं।

ये किसी भी तरह से अन्य नवरत्नों की तुलना में कोई प्रसिद्ध व्यक्ति नहीं था। लेकिन इसने अपनी तिकड़मबाजी से बादशाह अकबर को अवश्य प्रभावित कर लिया था। इसने बड़ी मुश्किल से पहले शाही मुर्गी खाने में अपनी पकड़ बनाई और फिर यहीं से अपनी जुगाड़ लगाकर अकबर की नजरों में चढ़ गया और फिर एक दिन अपनी बुद्धिमत्ता और चालाकी से अकबर के नौ रत्नों में शामिल हो गया।

अपने माँ - बाप का दुलारा मुल्ला दो प्याज़ा असल में बहुत ही शरारती था। इसका वास्तविक नाम अबुल हसन था। इनके पिता मोहसिन एक शिक्षक थे, जो अपने बेटे को भी अच्छी तालीम देना चाहते थे। लेकिन इनको तो कुछ और ही पसंद था। वह शरारती जरूर था, लेकिन उसके जेहन में कुछ न कुछ हमेशा पकता रहता था।

वह घंटों किताबों के साथ वक्त बिताता और फिर माँ की डांट खाने के बाद कुछ कुरान के पारों को हिफ्ज़ भी कर लिया था। अबुल हसन लगभग 9 साल का रहा होगा जब इनकी माँ का इंतकाल हो गया, बस फिर क्या था इनके ऊपर मुसीबतों का पहाड़ टूट पड़ा। पिता ने दूसरी शादी कर ली और इनकी सौतेली माँ की इनसे जरा भी नहीं पटती थी।

इनका मन शरारती तो था ही सो मजे लेने के लिए इन्होंने एक महिला को अपने घर में बंद कर दिया । अब इसके बाद जो इनके बाप और सौतेली माँ के बीच लड़ाई हुई, उससे तंग आकर इनके पिता घर छोड़कर चले गए। हालांकि बाद में अबुल हसन को अपनी इस हरकत पर बहुत पछतावा हुआ। जिसके बाद इनको लोगों के ताने भी सुनने पड़े और जिसकी वजह से ये अपने पिता को ढूंढने निकल पड़े।

इन्होंने आस-पास के कस्बों में बहुत ढूंढा मगर इनके पिता का कुछ पता नहीं चला। इनकी सौतेली माँ भी कुछ दिन अपने पति का इंतजार करने के बाद अपने मायके चली गई। इधर अबुल हसन भी अपने पिता की तलाश में मक्का शहर आ गए। यहां पर भी अपने पिता को बहुत तलाश किया। मक्का में इन्हें एक ईरानी कबीला मिला।

इस कबीले का सरदार अकबर अली नाम का एक शख़्स था। उसने इनकी ये हालत देखकर पूरा माजरा पूछा। इनकी बातों को सुनकर सरदार को इन के ऊपर रहम आ गया और वह इनको अपने साथ ईरान के तेहरान शहर ले आए। जब ये ईरान पहुंचे ठीक उसी समय हुमायूं भी शेरशाह सूरी से शिकस्त खाने के बाद तेहरान में मदद के लिए पहुंचा था।

उस वक़्त हुमायूं का सबसे खास साथी सिपहसालार मिर्ज़ा बख़्श हुआ करता था। सरदार अकबर अली की वजह से इनकी भी मिर्ज़ा बख़्श से गहरी दोस्ती हो गई। जब हुमायूं ईरान से मदद लेकर वापस भारत को विजय करने की इच्छा के साथ लौट रहा था तो अपने साथ मिर्ज़ा बख़्श को भी ले गया। हुमायूं की फौज ने काबुल और अफगानिस्तान पर अपनी विजय पताका लहराया।

इस समय तक भारत में इनका कट्टर प्रतिद्वंद्वी शेरशाह सूरी मर चुका था और हुमायूं के लिए अब भारत का रास्ता एकदम साफ था। तब अबुल हसन भी इनकी सेना के साथ भारत आ गया। हालांकि काबुल के युद्ध में इनके अज़ीज़ दोस्त मिर्ज़ा बख़्श की मौत हो गई। अबुल हसन हुमायूं के साथ ईरान से भारत आ गए और हुमायूं के दिल्ली पर कब्ज़ा करने के बाद एक मस्जिद में रहने लगे और वहीं पर इबादत करने लगे।

अबुल हसन मस्जिद के इमाम बने और अपनी खूबसूरत आवाज़ के लिए मशहूर हो गए। अब लोग इनसे सलाह मशविरा करने भी आने लगे थे। दिनोंदिन इनकी लोकप्रियता बढ़ने लगी तो शाही दरबारियों से भी इनकी मुलाक़ात होने लगी। एक दिन इनकी मुलाकात अकबर के नव रत्नों में से एक फैज़ फैजी से हुई, फिर क्या था यहीं से दोनों के बीच गहरी दोस्ती हो गई।

एक बार फैजी ने इनको अपने घर पर दावत के लिए आमंत्रित किया। बहरहाल अबुल इनके घर आए और शाही दावत का मजा उठाया। यहां इन्हें एक व्यंजन बड़ा पसंद आया। फिर खाना खाने के बाद अबुल हसन ने फैजी से इस लज़ीज़ डिश के बारे में पूछ ही लिया तो उन्होंने इसका नाम 'मुर्ग़ा दो प्याज़ा' बताया।

ये डिश इन्हें इतनी पसंद आई कि इसके बाद इनको कहीं भी दावत मिलती तो मुर्ग़ा दो प्याज़ा की मांग ज़रूर करते। जब ये दिल्ली में मशहूर हुए तो ऐसे में इनका नाम बादशाह अकबर के साथ जुड़ना स्वाभाविक था। शाही लोगों खासकर फैजी से दोस्ती होते ही ये भी उनके साथ अकबर के दरबार में जाने लगे।

शुरूआत में इनको बावर्ची खाने की ज़िम्मेदारी दी गई। मुख्य रूप से इन्हें मुर्गी खाने का खानसामा बना दिया गया। कहते हैं कि जब अकबर को इनके पसंदीदा खाना मुर्ग दो प्याज़ा के बारे में पता चला तो बादशाह ने इनको दो प्याज़ा का लकब दिया। जिसके बाद ये 'मुल्ला दो प्याज़ा' के नाम से मशहूर हो गए।

हालांकि इनकी दिली इच्छा तो अकबर के दरबारियों में शामिल होने की थी। इसके लिए इन्हें सबसे पहले अकबर को अपने काम से खुश करना था लिहाजा ये इसकी जुगत में लग गए। एक बार, जब अकबर के पास मुर्गी खाने का लेखा-जोखा पहुंचा तो वे हैरान हो गए। असल में इसके खर्च में काफ़ी गिरावट आई थी।

ऐसे में अकबर ने मुल्ला को बुलावा फरमाया और उससे पूछा कि ऐसा कैसे हो गया ? मुल्ला ने बताया कि शाही रसोई से बचे खुचे खाने को ये मुर्गियों को खिलाते हैं, जिससे काफ़ी बचत हुई है। तब अकबर ने खुश होकर इनको शाही पुस्तकालय का ज़िम्मा सौंप दिया। चूंकि मुल्ला को अकबर के नवरत्नों में शामिल होना था, इसलिए वह धैर्य के साथ अपने काम में जुटा रहा।

हालांकि वह शाही पुस्तकालय में काम से खुश नहीं था। एक बार जब अकबर शाही पुस्तकालय गए तो इन्होंने किताबों को ज़री और मखमल से कवर देखा तो बहुत खुश हुए और उन्होंने फिर से मुल्ला दो प्याज़ा को तलब किया। मुल्ला दो प्याज़ा ने बताया कि वह जनता के द्वारा लाए गए फरियाद कपड़ों का इस्तेमाल करके किताबों का खोल शाही दर्जी से बनवा लेते थे।

मुल्ला की बुद्धिमानी से प्रभावित होकर अकबर ने उन्हें शाही दरबार में जगह दे दी। इसके बाद ये अकबर को शेर-शायरी के साथ ही लतीफे भी सुनाया करते थे। फिर ये अपनी तिकड़म से अकबर के नौ रत्नों में शामिल हो गए। वैसे इन्हें कई बार अकबर के दरबार का गृह मंत्री भी कहा जाता है।

माना जाता है कि अकबर के राज्य की सुरक्षा की जिम्मेदारी इन्हीं के कंधों पर थी, लेकिन इस बारे में इतिहासकारों में काफ़ी विवाद है। जब मुल्ला दो प्याज़ा अकबर के साथ दक्खन की ओर गए थे तब अहमदाबाद में इनकी तबियत ख़राब रहने लगी। हैदराबाद के पास पहुंचे तो बीमारी और भी बढ़ गई। आख़िरकार इन्होंने उसी जगह इस दुनिया को अलविदा कह दिया और वहीं इन्हें सुपुर्द -ए- खाक कर दिया गया।

अब्दुल रहीम खान-ऐ-खाना (कवि, सेनापति)

अब्दुल रहीम खान-ऐ-खाना एक कवि थे और अकबर के संरक्षक बैरम खान के बेटे थे। इनको ग़ज़ल, दोहों को लिखने का बहुत शौक था। इसीलिए यह एक प्रसिद्ध कवि के रूप में भी जाने जाते थे।

अब्दुल रहीम ख़ान-ऐ-ख़ाना या रहीम एक मध्यकालीन कवि, सेनापति, प्रशासक, आश्रयदाता, दानवीर, कूटनीतिज्ञ, बहुभाषाविद, कलाप्रेमी, एवं विद्वान थे। वे भारतीय साझा संस्कृति के अनन्य आराधक तथा सभी संप्रदायों के प्रति समान भाव से सत्यनिष्ठ व साधक थे। उनका व्यक्तित्व बहुमुखी प्रतिभा से संपन्न था। वे एक ही साथ कलम और तलवार के धनी थे और मानव प्रेम के सूत्रधार थे।

जन्म से एक मुसलमान होते हुए भी हिंदू जीवन के अंतर्मन में बैठकर रहीम ने जो मार्मिक तथ्य अंकित किए थे वह उनके विशाल हृदय का परिचय देते हैं। हिंदू देवी-देवताओं, पर्वों, धार्मिक मान्यताओं और परंपराओं का जहाँ भी उनके द्वारा उल्लेख किया गया है, पूरी जानकारी एवं ईमानदारी के साथ किया गया है। वे जीवन भर हिंदू जीवन को भारतीय जीवन का यथार्थ मानते रहे।

रहीम ने काव्य में रामायण, महाभारत, पुराण तथा गीता जैसे ग्रंथों के कथानकों को उदाहरण के लिए चुना है और लौकिक जीवन व्यवहार पक्ष को उसके द्वारा समझाने का प्रयत्न किया है। जो भारतीय संस्कृति की व्यावहारिक झलक पेश करता है। अब्दुर रहीम खानखाना का जन्म **संवत् 1613 (सन् 1556 ई.)** में लाहौर में हुआ था।

संयोग से उस समय हुमायूँ, सिकंदर और सूरी के आक्रमण का प्रतिरोध करने के लिए सेना के साथ लाहौर में मौजूद थे। रहीम के पिता बैरम खाँ तेरह वर्षीय अकबर के शिक्षक तथा अभिभावक थे। बैरम खाँ खान-ऐ-खाना की उपाधि से सम्मानित थे। वे हुमायूँ के साढू और अंतरंग मित्र थे। रहीम की माँ वर्तमान हरियाणा प्रांत के मेवाती राजपूत जमाल खाँ की सुंदर एवं गुणवती कन्या सुल्ताना बेगम थी।

जब रहीम पाँच वर्ष के ही थे तब गुजरात के पाटन नगर में **सन् 1561 ई.** में इनके पिता बैरम खाँ की हत्या कर दी गई। रहीम का पालन-पोषण अकबर ने अपने धर्म-पुत्र की तरह किया। शाही खानदान की परंपरा अनुरूप रहीम को 'मिर्ज़ा खाँ' का ख़िताब दिया गया। रहीम ने बाबा जंबूर की देख-रेख में गहन अध्ययन किया।

शिक्षा समाप्त होने पर अकबर ने अपनी धाय की बेटी माहबानो से रहीम का विवाह करा दिया। इसके बाद रहीम ने गुजरात, कुम्भलनेर, उदयपुर आदि युद्धों में विजय प्राप्त की। इस पर अकबर ने अपने समय की सर्वोच्च उपाधि 'मीर-ए-अर्ज' से रहीम को विभूषित किया। **सन् 1584 ई.** में अकबर ने रहीम को खान-ए-खाना की उपाधि से सम्मानित किया।

रहीम का देहांत 71 वर्ष की आयु में **सन् 1627 ई.** में हुआ। रहीम को उनकी इच्छा के अनुसार दिल्ली में ही उनकी पत्नी के मकबरे के पास ही दफ़ना दिया गया। यह मज़ार आज भी दिल्ली में मौजूद हैं। रहीम ने स्वयं ही अपने जीवनकाल में इसका निर्माण करवाया था। इनके संस्कृत के गुरु बदाऊनी थे।

हुमायूँ ने युवराज अकबर की शिक्षा-दीक्षा के लिए बैरम खाँ को चुना और अपने जीवन के अंतिम दिनों में राज्य के प्रबंध की जिम्मेदारी देकर अकबर का अभिभावक नियुक्त किया था। बैरम खाँ ने कुशल नीति से अकबर के राज्य को मजबूत बनाने में पूरा सहयोग दिया। किसी कारणवश बैरम खाँ और अकबर के बीच मतभेद हो गया।

अकबर ने बैरम खाँ के विद्रोह को सफलतापूर्वक दबा दिया और अपने उस्ताद की मान एवं लाज रखते हुए उसे हज पर जाने की इच्छा जताई। परिणामस्वरुप बैरम खाँ हज के लिए रवाना हो गये। बैरम खाँ हज के लिए जाते हुए गुजरात के पाटन में ठहरे और पाटन के प्रसिद्ध सहस्त्रलिंग सरोवर में नौका-विहार के बाद तट पर बैठे थे कि भेंट करने की नियत से एक अफ़ग़ान सरदार मुबारक खाँ आया और धोखे से उसने बैरम खाँ की हत्या कर दी।

यह मुबारक खाँ ने अपने पिता की मृत्यु का बदला लेने के लिए किया। इस घटना ने बैरम खाँ के परिवार को अनाथ बना दिया। इन धोखेबाजों ने सिर्फ कत्ल ही नहीं किया बल्कि काफ़ी लूटपाट भी मचायी। विधवा सुल्ताना बेगम अपने कुछ सेवकों सहित बचकर अहमदाबाद आ गई। अकबर को घटना के बारे में जैसे ही मालूम हुआ उन्होंने सुल्ताना बेगम को दरबार वापस आने का संदेश भेज दिया।

रास्ते में संदेश पाकर बेगम अकबर के दरबार में आ गई। ऐसे समय में अकबर ने अपनी महानता का सबूत देते हुए इनको बड़ी उदारता से शरण दिया और रहीम के लिए कहा "इसे सब प्रकार से प्रसन्न रखो। इसे यह पता न चले कि इनके पिता खान खानाँ का साया सर से उठ गया है। बाबा जम्बूर को कहा यह हमारा बेटा है। इसे हमारी दृष्टि के सामने रखा करो।

इस प्रकार अकबर ने रहीम का पालन-पोषण एकदम धर्म-पुत्र की भांति किया। कुछ दिनों के पश्चात अकबर ने विधवा सुल्ताना बेगम से विवाह कर लिया। अकबर ने रहीम को शाही खानदान के अनुरुप "मिर्जा खाँ' की उपाधि से सम्मानित किया। रहीम की शिक्षा-दीक्षा अकबर की उदार धर्म- निरपेक्ष नीति के अनुकूल हुई।

इसी शिक्षा-दीक्षा के कारण रहीम का काव्य आज भी हिंदुओं के गले का कंठहार बना हुआ है। दिनकर जी के कथनानुसार अकबर ने अपने दीन-ए-इलाही में हिंदुत्व को जो स्थान दिया होगा, उससे कई गुना ज़्यादा स्थान रहीम ने अपनी कविताओं में दिया। रहीम के बारे में यह कहा जाता है कि वह धर्म से मुसलमान और संस्कृति से शुद्ध भारतीय थे।

अकबर के दरबार में हिंदी कवियों में रहीम का महत्त्वपूर्ण स्थान था। रहीम की शिक्षा समाप्त होने के पश्चात सम्राट अकबर ने अपने पिता हुमायूँ की परंपरा का निर्वाह करते हुए, रहीम का विवाह बैरम खाँ के विरोधी मिर्ज़ा अजीज कोका की बहन माहबानों से करवा दिया। इस विवाह में भी अकबर ने वही किया, जो पहले करता रहा था कि विवाह के संबंधों के बदौलत आपसी तनाव व पुरानी से पुरानी कटुता को समाप्त कर दिया करता था।

रहीम के विवाह से बैरम खाँ और मिर्ज़ा के बीच चली आ रही पुरानी रंजिश खत्म हो गई । रहीम का विवाह लगभग तेरह साल की उम्र में कर दिया गया था। इनकी दस संताने थी। अकबर के दरबार के प्रमुख पदों में से एक मीर अर्ज का पद था। यह पद पाकर कोई भी व्यक्ति रातों-रात अमीर हो जाता था, क्योंकि यह पद ऐसा था जिससे पहुँच कर ही जनता की फरियाद सम्राट तक पहुँचती थी।

सम्राट के द्वारा लिए गए फैसले भी इसी पद के जरिये जनता तक पहुँचाए जाते थे। इस पद पर हर दो- तीन दिनों में नए लोगों को नियुक्त किया जाता था। सम्राट अकबर ने इस पद का कामकाज सुचारू रूप से चलाने के लिए अपने सच्चे तथा विश्वास पात्र अमीर रहीम को मुस्तकिल मीर अर्ज नियुक्त किया। यह निर्णय सुनकर सारा दरबार सन्न रह गया था।

इस पद पर आसीन होने का मतलब था कि वह व्यक्ति जनता एवं सम्राट दोनों में सामान्य रूप से विश्वसनीय है। काफ़ी मिन्नतों तथा आशीर्वाद के बाद अकबर को शेख सलीम चिश्ती के आशीर्वाद से एक लड़का प्राप्त हो सका, जिसका नाम उन्होंने सलीम रखा। शहजादा सलीम माँ-बाप और दूसरे लोगों के अधिक दुलार के कारण शिक्षा के प्रति उदासीन हो गया था।

कई महान लोगों को सलीम की शिक्षा के लिए अकबर ने लगवाया। इन महान लोगों में शेर अहमद, मीर कलाँ और दरबारी विद्वान अबुल फ़ज़ल थे। सभी लोगों की कोशिशों के बावजूद शहजादा सलीम को पढ़ाई में मन न लगा। अकबर ने सदा की तरह अपना आखिरी हथियार रहीम खाने खाना को सलीम का अतालीक़ नियुक्त किया।

कहा जाता है रहीम यह गौरव पाकर बहुत प्रसन्न थे। रहीम ने अवधी और ब्रजभाषा दोनों में ही कविता की है जो सरल, स्वाभाविक और प्रवाहपूर्ण है। उनके काव्य में श्रृंगार, शांत तथा हास्य रस मिलते हैं। दोहा, सोरठा, बरवै, कवित्त और सवैया उनके प्रिय छंद हैं। रहीमदास जी की भाषा अत्यंत सरल है।

उनके काव्य में भक्ति, नीति, प्रेम और श्रृंगार का सुन्दर समावेश मिलता है। उन्होंने सोरठा एवं छंदों का प्रयोग करते हुए अपनी काव्य रचनाओं की रचना किया है। उन्होंने ब्रजभाषा में अपनी काव्य रचनाएं की है। उनके ब्रज का रूप अत्यंत व्यावहारिक, स्पष्ट एवं सरल है। उन्होंने तद्भव शब्दों का अधिक प्रयोग किया है।

ब्रज भाषा के अतिरिक्त उन्होंने कई अन्य भाषाओं का प्रयोग अपनी काव्य रचनाओं में किया है। अवधी के ग्रामीण शब्दों का प्रयोग भी रहीम जी ने अपनी रचनाओं में किया है, उनकी अधिकतर काव्य रचनाएं मुक्तक शैली में की गई हैं। जो कि अत्यंत ही सरल एवं बोधगम्य है।

फ़क़ीर अज़ियोद्दीन (सलाहकार)

फ़क़ीर अज़ियोद्दीन सम्राट अकबर के नवरत्नों में से एक थे। इसके अतिरिक्त ये सम्राट अकबर के प्रमुख सलाहकारों में से भी एक थे।

फ़क़ीर अज़ियोद्दीन अकबर के निजी चिकित्सक(हकीम) थे। इतिहास में अगर झाके तो फ़क़ीर अज़ियोद्दीन के बारे में ज़्यादा जानकारी नही मिलती है और उस समय के किसी कवि या लेखक ने भी इनके बारे में कुछ खास नहीं बताया है। किसी लेख में भी इनका ज़्यादा जिक्र नहीं है।

18

तमाम इतिहासकारों ने अकबर को महान अकबर कहा है और उसकी अच्छाइयों को ही चित्रित किया है, लेकिन यहाँ पर यह जानना भी जरुरी है कि अकबर में कुछ मानवोचित कमजोरियां भी थी जो उसके चारित्रिक लंपटता को दर्शाती हैं।

तत्कालीन समाज में वेश्यावृति को सम्राट अकबर का संरक्षण प्रदान था। उसकी एक बहुत बड़ी हरम थी जिसमें बहुत सी स्त्रियां थी। इनमें अधिकांश स्त्रियों को बलपूर्वक अपहरण करवा कर वहाँ रखा हुआ था।

उस समय में सती प्रथा भी जोरों पर थी। तब कहा जाता है कि अकबर के कुछ लोग जिस सुन्दर स्त्री को सती होते देखते थे, उसे बलपूर्वक जाकर सती होने से रोक देते थे और सम्राट की आज्ञा बताकर उस स्त्री को हरम में डाल दिया जाता था।

हालांकि इस प्रकरण को दरबारी इतिहासकारों ने कुछ इस ढंग से कहा है कि "इस प्रकार बादशाह सलामत ने सती प्रथा का विरोध किया व उन अबला स्त्रियों को संरक्षण दिया।"

अपनी जीवनी में अकबर ने स्वयं लिखा है– यदि मुझे पहले ही यह बुद्धिमता जागृत हो जाती तो मैं अपनी सल्तनत की किसी भी स्त्री का अपहरण कर अपने हरम में नहीं लाता।

इस बात से यह तो स्पष्ट ही हो जाता है कि वह सुन्दरियों का अपहरण करवाता था। इसके अलावा अपहरण न करवाने वाली बात की निरर्थकता भी इस तथ्य से ज्ञात होती है कि न तो अकबर के समय में और न ही उसके उत्तराधिकारियों के समय में हरम बंद हुई थी।

आईन-ए-अकबरी के अनुसार अब्दुल कादिर बदायूंनी कहते हैं कि बेगमें, कुलीन दरबारियों की पत्नियां अथवा अन्य स्त्रियां जब कभी बादशाह की सेवा में पेश होने की इच्छा करती हैं तो उन्हें पहले अपनी इच्छा की सूचना देकर उत्तर की प्रतीक्षा करनी पड़ती है। जिन्हें यदि योग्य समझा जाता है तो हरम में प्रवेश की अनुमति दी जाती है।

अकबर अपनी प्रजा को बाध्य किया करता था की वह अपने घर की स्त्रियों का नग्न प्रदर्शन सामूहिक रूप से आयोजित करे जिसे अकबर ने खुदारोज (प्रमोद दिवस) नाम दिया हुआ था।

इस उत्सव के पीछे अकबर का एकमात्र उद्देश्य सुन्दरियों को अपने हरम के लिए चुनना था। गोंड़वाना की रानी दुर्गावती पर भी अकबर की कुदृष्टि थी। उसने रानी को प्राप्त करने के लिए उसके राज्य पर आक्रमण कर दिया।

युद्ध के दौरान वीरांगना ने अनुभव किया कि उसे मारने की नहीं वरन बंदी बनाने का प्रयास किया जा रहा है, तो उसने वहीं आत्महत्या कर ली। तब अकबर ने उसकी बहन और पुत्रवधू को बलपूर्वक अपने हरम में डाल दिया।

अकबर ने यह प्रथा भी चलाई थी कि उसके पराजित शतु अपने परिवार एवं परिचारिका वर्ग में से चुनी हुई महिलायें उसके हरम में भेजें।

अकबर का व्यक्तित्व बहुचर्चित रहा है। इसलिए भारतीय साहित्य एवं सिनेमा में अकबर से प्रेरित कई पात्र रचे गए हैं।

सन् 2008 ई. में आशुतोष गोवारिकर निर्देशित फिल्म 'जोधा अकबर' में अकबर एवं उनकी पत्नी की कहानी को दर्शाया गया है। अकबर एवं जोधा बाई का पात्र क्रमश: ऋतिक रोशन एवं ऐश्वर्या राय ने निभाया है।

सन् 1960 ई. में बनी फिल्म 'मुग़ल-ए-आज़म' भारतीय सिनेमा की एक लोकप्रिय फिल्म है। इसमें अकबर का पात्र पृथ्वीराज कपूर ने निभाया था।

इस फिल्म में अकबर के पुत्र सलीम की प्रेम कथा और उस कारण से पिता-पुत्र में पैदा हुए द्वंद को दर्शाया गया है। सलीम की भूमिका दिलीप कुमार एवं अनारकली की भूमिका मधुबाला ने निभाई थी।

सन् 1990 ई. में जी टीवी ने 'अकबर-बीरबल' नाम से एक धारावाहिक प्रसारित किया था जिसमें अकबर का पात्र हिंदी अभिनेता विक्रम गोखले ने निभाया था।

नब्बे के दशक में संजय खान कृत धारावाहिक 'अकबर दी ग्रेट' दूरदर्शन पर प्रदर्शित किया गया था।

प्रसिद्ध अंग्रेजी साहित्यकार सलमान रुशदी के उपन्यास 'दी एन्चैन्ट्रेस ऑफ़ फ्लोरेंस' में अकबर एक मुख्य पात्र है।

दोस्तों, वैसे तो दुनिया में लाखों कहानियां हैं लेकिन जो मजा अकबर-बीरबल के किस्सों में है वो कहीं नहीं। इनकी कहानियां सदियों से हमारा मनोरंजन करती आ रही हैं। आज हम उनकी कहानियों में से एक बेहद मनोरंजक कहानी आपको सुनाने जा रहे हैं।

सबसे बड़ी चीज

एक दिन बीरबल दरबार में उपस्थित नहीं थे। ऐसे में बीरबल से जलने वाले सभी सभासद बीरबल के खिलाफ बादशाह अकबर के कान भर रहे थे। अक्सर ऐसा ही होता था, जब भी बीरबल दरबार में उपस्थित नहीं होते थे तभी दरबारियों को मौका मिल जाता था। आज भी ऐसा ही मौका था।

बादशाह के साले मुल्ला दो पियाजा की शह पाए कुछ सभासदों ने कहा - 'जहाँपनाह!'

आप वास्तव में बीरबल को आवश्यकता से अधिक मान देते हैं, उन्हें हम लोगों से ज्यादा चाहते हैं। आपने उन्हें बहुत सिर चढ़ा रखा है। जबकि जो काम वे करते हैं वह तो हम भी कर सकते हैं। मगर आप हमें मौका ही नहीं देते।'

बादशाह को बीरबल की बुराई अच्छी नहीं लगती थी, अत: उन्होंने उन चारों की परीक्षा ली- 'देखो, आज बीरबल तो यहां हैं नहीं और मुझे अपने एक सवाल का जवाब चाहिए। यदि तुम लोगों ने मेरे प्रश्न का सही-सही जवाब नहीं दिया तो मैं तुम चारों को फांसी पर चढ़वा दूंगा।' बादशाह की बात सुनकर वे चारों घबरा गए।

उनमें से एक ने हिम्मत करके कहा- 'प्रश्न बताइए बादशाह सलामत ?'

'संसार में सबसे बड़ी चीज क्या है ?

अच्छी तरह सोच-समझ कर जवाब देना वरना मैं कह चुका हूं कि तुम लोगों को फांसी पर चढ़वा दिया जाएगा।'

बादशाह अकबर ने कहा- 'अटपटे जवाब हरगिज नहीं चलेंगे। जवाब एक हो और बिल्कुल सही हो।'

'बादशाह सलामत हमें कुछ दिनों की मोहलत दी जाए।' उन्होंने सलाह करके कहा।

'ठीक है, तुम लोगों को एक सप्ताह का समय देता हूं।' बादशाह ने कहा। चारों दरबारी चले गए और दरबार से बाहर आकर सोचने लगे कि सबसे बड़ी चीज क्या हो सकती है?

एक दरबारी बोला- 'मेरी राय में तो अल्लाह से बड़ा कोई नहीं।'

'अल्लाह कोई चीज नहीं है। कोई दूसरा उत्तर सोचो।' - दूसरा बोला।

'सबसे बड़ी चीज है भूख जो आदमी से कुछ भी करवा देती है।' - तीसरे ने कहा।

नहीं...नहीं, भूख भी बर्दाश्त की जा सकती है।'

'फिर क्या है सबसे बड़ी चीज?' छ: दिन बीत गए लेकिन उन्हें कोई उत्तर नहीं सूझा। हार कर वे चारों बीरबल के पास पहुंचे और उसे पूरी घटना कह सुनाई, साथ ही हाथ जोड़कर विनती की कि प्रश्न का उत्तर बता दें।

बीरबल ने मुस्कराकर कहा- 'मैं तुम्हारे प्रश्न का उत्तर दूंगा, लेकिन मेरी एक शर्त है।' हमें आपकी हजार शर्तें मंजूर हैं।' चारों ने एक स्वर में कहा- 'बस आप हमें इस प्रश्न का उत्तर बताकर हमारी जान बख्शी करवाएं।

'बताइए आपकी क्या शर्त है?' 'तुम में से दो अपने कंधों पर मेरी चारपाई रख कर दरबार तक ले चलोगे। एक मेरा हुक्का पकड़ेगा, एक मेरे जूते लेकर चलेगा।' बीरबल ने अपनी शर्त बताते हुए कहा।

यह सुनते ही वे चारों सन्नाटे में आ गए। उन्हें लगा मानो बीरबल ने उनके गाल पर कस कर तमाचा मार दिया हो। मगर वे कुछ बोले नहीं। अगर मौत का खौफ न होता तो वे बीरबल को मुंहतोड़ जवाब देते, मगर इस समय मजबूर थे, अत: तुरंत राजी हो गए।

दो ने अपने कंधों पर बीरबल की चारपाई उठाई, तीसरे ने उनका हुक्का और चौथा जूते लेकर चल दिया। रास्ते में लोग आश्चर्य से उन्हें देख रहे थे। दरबार में बादशाह ने भी यह मंजर देखा और वहाँ मौजूद दरबारियों ने भी। कोई कुछ न समझ सका।

तभी बीरबल बोले- 'महाराज? दुनिया में सबसे बड़ी चीज है- गरज। अपनी गरज से यह पालकी यहां तक उठाकर लाए हैं।' बादशाह मुस्कराकर रह गए। वे चारों सिर झुकाकर एक ओर खड़े हो गए।

बादशाह की पहेली

बादशाह अकबर को पहेली सुनाने और सुनने का काफ़ी शौक था। कहने का मतलब यह कि पक्के पहेली बाज थे। वे दूसरों से पहेली सुनते और समय-समय पर अपनी पहेली भी लोगों को सुनाया करते थे।

एक दिन बादशाह अकबर ने बीरबल को एक नई पहेली सुनाई, 'ऊपर ढक्कन नीचे ढक्कन, मध्य-मध्य खरबूजा। मौं छुरी से काटे आपहिं, अर्थ तासु नाहिं दूजा।'

बीरबल ने ऐसी पहेली कभी नहीं सुनी थी। इसलिए वह चकरा गया। इस पहेली का अर्थ उसकी समझ में नहीं आ रहा था। अत: प्रार्थना करते हुए बादशाह से बोला, 'जहाँपनाह! अगर मुझे कुछ दिनों की मोहलत दी जाए तो मैं इसका अर्थ अच्छी तरह समझ कर आपको बता सकूंगा।' बादशाह ने उसका प्रस्ताव मंजूर कर लिया।

बीरबल अर्थ समझने के लिए वहाँ से चल पड़ा। वह एक गाँव में पहुंचा। एक तो गर्मी के दिन दूसरे रास्ते की थकान से परेशान व विवश होकर वह एक घर में घुस गया। घर के भीतर एक लड़की भोजन बना रही थी।

'बेटी! क्या कर रही हो?' उसने पूछा। लड़की ने उत्तर दिया, 'आप देख नहीं रहे हैं। मैं बेटी को पकाती और माँ को जलाती हूं।'

'अच्छा, दो का हाल तो तुमने बता दिया, तीसरा तेरा बापू क्या कर रहा है और कहां है?' बीरबल ने पूछा।

'वह मिट्टी में मिट्टी मिला रहे हैं।' लड़की ने जवाब दिया। इस जवाब को सुनकर बीरबल ने फिर पूछा, 'तेरी माँ क्या कर रही है?' एक को दो कर रही है।' लड़की ने कहा।

बीरबल को लड़की से ऐसी आशा नहीं थी। परंतु वह ऐसी पंडित निकली कि उसके उत्तर से वह एकदम आश्चर्यचकित रह गया। इसी बीच उसके माता-पिता भी आ पहुंचे। बीरबल ने उसे सारा समाचार कह सुनाया।

लड़की का पिता बोला कि 'मेरी लड़की ने आपको ठीक उत्तर दिया है। अरहर की दाल अरहर की सूखी लकड़ी से पक रही है। मैं अपनी बिरादरी का एक मुर्दा जलाने गया था और मेरी पत्नी पड़ोस में मसूर की दाल दल रही थी।' बीरबल लड़की की पहेली-भरी बातों से बड़ा खुश हुआ।

उसने सोचा, शायद यहां बादशाह की पहेली का भेद खुल जाए इसलिए लड़की के पिता से उपरोक्त पहेली का अर्थ पूछा।

यह तो बड़ी ही सरल पहेली है। इसका अर्थ मैं आपको बताता हूं- धरती और आकाश दो ढक्कन हैं। उनके अंदर निवास करने वाला मनुष्य खरबूजा है। वह उसी प्रकार मृत्यु आने पर मर जाता है जैसे गर्मी से मोम पिघल जाती है।' उस किसान ने कहा।

बीरबल उसकी ऐसी बुद्धिमानी देखकर बड़ा प्रसन्न हुआ और उसे पुरस्कार देकर दिल्ली के लिए प्रस्थान किया। वहाँ पहुंचकर बीरबल ने सभी के सामने बादशाह की पहेली का अर्थ बताया। बादशाह ने प्रसन्न होकर बीरबल को ढेर सारे इनाम दिए।

बादशाह का सपना

एक रात सोते समय बादशाह अकबर ने यह अजीब सपना देखा कि केवल एक छोड़कर उनके बाकी सभी दांत गिर गए हैं।

फिर अगले दिन उन्होंने देश भर के विख्यात ज्योतिषियों व नजूमियों को बुला भेजा और उन्हें अपने सपने के बारे में बताकर उसका मतलब जानना चाहा।

सभी ने आपस में विचार-विमर्श किया और एक मत होकर बादशाह से कहा, 'जहाँपनाह, इसका अर्थ यह है कि आपके सारे नाते-रिश्तेदार आपसे पहले ही मर जाएंगे।'

यह सुनकर बादशाह अकबर को बहुत क्रोध आया और उन्होंने सभी ज्योतिषियों को दरबार से चले जाने को कहा। उनके जाने के बाद बादशाह ने बीरबल से अपने सपने का मतलब बताने को कहा।

कुछ देर तक तो बीरबल सोच में डूबा रहा, फिर बोला, 'हुजूर, आपके सपने का मतलब तो बहुत ही शुभ है।

इसका अर्थ है कि अपने नाते-रिश्तेदारों के बीच आप ही सबसे अधिक समय तक जीवित रहेंगे।'

बीरबल की बात सुनकर बादशाह बहुत प्रसन्न हुए।

बीरबल ने भी वही कहा था जो ज्योतिषियों ने, लेकिन कहने में अंतर था। बादशाह ने बीरबल को इनाम देकर विदा किया।

जितनी लंबी चादर उतने पैर पसारो

बादशाह अकबर के दरबारियों को अक्सर यह शिकायत रहती थी कि बादशाह हमेशा बीरबल को ही बुद्धिमान बताते हैं, औरों को नहीं।

एक दिन बादशाह ने अपने सभी दरबारियों को दरबार में बुलाया और दो हाथ लंबी दो हाथ चौड़ी चादर देते हुए कहा- 'इस चादर से तुम लोग मुझे सिर से लेकर पैर तक ढंक दो तो मैं तुम्हें बुद्धिमान मान लूंगा।'

सभी दरबारियों ने कोशिश की किंतु उस चादर से बादशाह को पूरा न ढंक सके, सिर छिपाते तो पैर निकल आते और पैर छिपाते तो सिर चादर से बाहर आ जाता। आड़ा-तिरछा लंबा-चौड़ा हर तरह से सभी ने कोशिश की किंतु सफल न हो सके।

अब बादशाह ने बीरबल को बुलाया और वही चादर देते हुए उन्हें ढंकने को कहा। जब बादशाह लेटे तो बीरबल ने बादशाह से फैले हुए पैरों को सिकोड़ लेने को कहा।

बादशाह ने पैर सिकोड़े और बीरबल ने सिर से पांव तक चादर से ढंक दिया। अन्य दरबारी आश्चर्य से बीरबल की ओर देख रहे थे। तब बीरबल ने कहा- 'जितनी लंबी चादर उतने ही पैर पसारो।'

छोटा बांस

एक दिन बादशाह अकबर एवं बीरबल बाग में सैर कर रहे थे। बीरबल लतीफा सुना रहा था और बादशाह अकबर उसका मजा ले रहे थे। तभी बादशाह अकबर को नीचे घास पर पड़ा बांस का एक टुकड़ा दिखाई दिया। उन्हें बीरबल की परीक्षा लेने की सूझी।

बीरबल को बांस का टुकड़ा दिखाते हुए वह बोले, 'क्या तुम इस बांस के टुकड़े को बिना काटे छोटा कर सकते हो?' बीरबल लतीफा सुनाता-सुनाता रुक गया और बादशाह अकबर की आंखों में झांका।

बादशाह अकबर कुटिलता से मुस्कुराए, बीरबल समझ गया कि बादशाह सलामत उससे मजाक करने के मूड में हैं। अब जैसा बेसिर-पैर का सवाल था तो जवाब भी कुछ वैसा ही होना चाहिए था।

बीरबल ने इधर-उधर देखा, एक माली हाथ में लंबा बांस लेकर जा रहा था। उसके पास जाकर बीरबल ने वह बांस अपने दाएं हाथ में ले लिया और बादशाह का दिया छोटा बांस का टुकड़ा बाएं हाथ में।

बीरबल बोला, 'हुजूर, अब देखें इस टुकड़े को, हो गया ना बिना काटे ही छोटा।'

बड़े बांस के सामने वह टुकड़ा छोटा तो दिखना ही था। निरुत्तर बादशाह अकबर मुस्करा उठे बीरबल की चतुराई देखकर।

राखपत और रखापत

एक बार दिल्ली दरबार में बैठे हुए बादशाह अकबर ने अपने नवरत्नों से पूछा- 'भाई, यह बताओ सबसे बड़ा पट यानी शहर कौन-सा है।'

पहले नवरत्न ने कहा 'सोनीपत'।

दूसरा नवरत्न -'हुजूर, पानीपत सबसे बडा, पत है।

तीसरे नवरत्न ने लम्बी हांकी- 'नहीं जनाब, दलपत से बड़ा पत और कोई दूसरा नहीं है। चौथे नवरत्न ने अपना राग अलापा- 'सबसे बड़ा पत तो दिल्लीपत यानी दिल्ली शहर है।

बीरबल चुपचाप बैठे हुए सारी बातें सुन रहे थे। बादशाह अकबर ने बीरबल से कहा तुम भी कुछ बोलो।

बीरबल ने कहा- 'सबसे बड़ा पत हैं 'राखपत' और दूसरा बड़ा पत है 'रखापत'।'

बादशाह अकबर ने पूछा- 'बीरबल हमने सोनीपत, पानीपत दलपत और दिल्लीपत सब पत सुन रखे हैं। पर राखपत, रखापत किस शहर के नाम हैं।

बीरबल बोले 'हुजूर राखपत का मतलब हैं मैं आपके रखूं और रखापत का मतलब हैं आप मेरी बात रखो। यह मेलजोल और प्रेम भाव जिस पत में नहीं है, उस पत का क्या मतलब है।

प्रेमभाव हैं तो जंगल में भी मंगल हैं और प्रेम भाव नहीं तो नगर भी नरक का द्वार हैं। बादशाह अकबर बीरबल की बातों को सुनकर बहुत खुश हुए और उन्हें कई इनामों से नवाजा।

टेढ़ा सवाल

एक दिन बादशाह अकबर और बीरबल वन-विहार के लिए गए। एक टेढ़े पेड़ की ओर इशारा करके बादशाह अकबर ने बीरबल से पूछा - यह दरख्त टेढ़ा क्यों हैं?

बीरबल ने जवाब दिया- यह इसलिए टेढ़ा हैं क्योंकि यह जंगल के तमाम दरख्तों का साला है।

बादशाह ने पूछा- तुम ऐसा कैसे कह सकते हो?

बीरबल ने कहा- दुनिया में यह बात मशहूर हैं कि कुत्ते की दुम और साले हमेशा टेढ़े होते हैं।

बादशाह अकबर ने पूछा- क्या मेरा साला भी टेढ़ा है?

बीरबल ने फौरन कहा- बेशक जहाँपनाह!

बादशाह अकबर ने कहा फिर मेरे टेढ़े साले को फांसी चढ़ा दो!

एक दिन बीरबल ने फांसी लगाने के तीन तख्ते बनवाए- 'एक सोने का, एक चांदी का और एक लोहे का।' उन्हें देखकर बादशाह अकबर ने पूछा- तीन तख्ते किसलिए?

बीरबल ने कहा- 'गरीब नवाज, सोने का आपके लिए, चांदी का मेरे लिए और लोहे का तख्ता सरकारी साले साहब के लिए।

बादशाह अकबर ने अचरज से पूछा- मुझे और तुम्हें फांसी किसलिए?

बीरबल ने कहा- क्यों नहीं जहाँपनाह, आखिर हम भी तो किसी के साले हैं। बादशाह अकबर हंस पड़े, सरकारी साले साहब के जान में जान आई। वह बाइज्जत बरी हो गया।

सबसे बड़ा हथियार

बादशाह अकबर और बीरबल के बीच कभी-कभी ऐसी बातें भी हुआ करती थीं जिनकी परख करने में जान का खतरा रहता था। एक बार बादशाह अकबर ने बीरबल से पूछा- 'बीरबल, संसार में सबसे बड़ा हथियार कौन-सा है?'

'बादशाह सलामत! संसार में सबसे बड़ा हथियार है आत्मविश्वास।' बीरबल ने जवाब दिया।

बादशाह अकबर ने बीरबल की इस बात को सुनकर अपने दिल में रख लिया और किसी समय इसकी परख करने का निश्चय किया।

दैवयोग से एक दिन एक हाथी पागल हो गया। ऐसे में हाथी को जंजीरों में जकड़ कर रखा जाता था।

बादशाह अकबर ने बीरबल के आत्मविश्वास की परख करने के लिए इधर तो बीरबल को बुलवा भेजा।

उधर हाथी के महावत को हुक्म दिया कि जैसे ही बीरबल को आता देखे, वैसे ही हाथी की जंजीर खोल दे। बीरबल को इस बात का पता नहीं था। जब वे बादशाह अकबर से मिलने उनके दरबार की ओर जा रहे थे तो पागल हाथी को छोड़ा जा चुका था।

बीरबल अपनी ही मस्ती में चले जा रहे थे कि उनकी नजर पागल हाथी पर पड़ी, जो चिंघाड़ता हुआ उनकी तरफ आ रहा था।

बीरबल हाजिर जवाब, बेहद बुद्धिमान, चतुर और आत्मविश्वासी थे। वे समझ गए कि बादशाह अकबर ने आत्मविश्वास और बुद्धि की परीक्षा के लिए ही पागल हाथी को छुड़वाया है।

दौड़ता हुआ हाथी सूंड को उठाए तेजी से बीरबल की ओर चला आ रहा था। बीरबल ऐसे स्थान पर खड़े थे कि वह इधर-उधर भागकर भी नहीं बच सकते थे। ठीक उसी वक्त बीरबल को एक कुत्ता दिखाई दिया। हाथी बहुत निकट आ गया था। इतना करीब कि वह बीरबल को अपनी सूंड में लपेट लेता।

तभी बीरबल ने झटपट कुत्ते की पिछली दोनों टांगें पकड़ीं और पूरी ताकत से घुमाकर हाथी पर फेंका। बुरी तरह घबराकर चीखता हुआ कुत्ता जब हाथी से जाकर टकराया तो उसकी भयानक चीखें सुनकर हाथी भी घबरा गया और पलट कर भागा।

बादशाह अकबर को बीरबल की इस बात की खबर मिल गई और उन्हें यह मानना पड़ा कि बीरबल ने जो कुछ कहा है, वह सच है। आत्मविश्वास ही सबसे बड़ा हथियार है।

सब लोग एक जैसा सोचते हैं

दरबार की कार्यवाही चल रही थी। सभी दरबारी एक ऐसे प्रश्न पर विचार कर रहे थे जो राजकाज चलाने की दृष्टि से बेहद अहम न था। सभी एक-एक कर अपनी राय दे रहे थे।

बादशाह दरबार में बैठे यह महसूस कर रहे थे कि सबकी राय अलग है। उन्हें आश्चर्य हुआ कि सभी एक जैसे क्यों नहीं सोचते!

तब बादशाह अकबर ने बीरबल से पूछा, 'क्या तुम बता सकते हो कि लोगों की राय आपस में मिलती क्यों नहीं? सब अलग-अलग क्यों सोचते हैं?'

'हमेशा ऐसा नहीं होता, बादशाह सलामत!' बीरबल बोला, 'कुछ समस्याएं ऐसी होती हैं जिन पर सभी के विचार समान होते हैं।' इसके बाद कुछ और काम निपटा कर दरबार की कार्यवाही समाप्त हो गई। सभी अपने-अपने घरों को लौट चले।

उसी शाम जब बीरबल और बादशाह अकबर बाग में टहल रहे थे तो बादशाह ने फिर वही राग छेड़ दिया और बीरबल से बहस करने लगे।

तब बीरबल बाग के ही एक कोने की ओर उंगली से संकेत करता हुआ बोला, 'वहां उस पेड़ के निकट एक कुआँ है। वहाँ चलिए, मैं कोशिश करता हूं कि आपको समझा सकूं कि जब कोई समस्या जनता से जुड़ी हो तो सभी एक जैसा ही सोचते हैं। मेरे कहने का मतलब यह है कि बहुत-सी ऐसी बातें हैं जिनको लेकर लोगों के विचार एक जैसे होते हैं।'

बादशाह अकबर ने कुछ देर कुंए की ओर घूरा, फिर बोले, 'लेकिन मैं कुछ समझा नहीं, तुम्हारे समझाने का ढंग कुछ अजीब-सा है।' बादशाह जबकि जानते थे कि बीरबल अपनी बात सिद्ध करने के लिए ऐसे ही प्रयोग करता रहता है। सब समझ जाएंगे हुजूर!'

बीरबल बोला, 'आप शाही फरमान जारी करें कि नगर के हर घर से एक लोटा दूध लाकर बाग में स्थित इस कुँए में डाला जाए। दिन पूर्णमासी का होगा। हमारा नगर बहुत बड़ा है, यदि हर घर से एक लोटा दूध इस कुँएं में पड़ेगा तो यह दूध से भर जाएगा।'

बीरबल की यह बात सुन बादशाह अकबर ठहाका लगाकर हंस पड़े। फिर भी उन्होंने बीरबल के कहे अनुसार फरमान जारी कर दिया।

शहर भर में मुनादी करवा दी गई कि आने वाली पूर्णमासी के दिन हर घर से एक लोटा दूध लाकर शाही बाग के कुँए में डाला जाए। जो ऐसा नहीं करेगा उसे सजा मिलेगी।

पूर्णमासी के दिन बाग के बाहर लोगों की कतार लग गई। इस बात का विशेष ध्यान रखा जा रहा था कि हर घर से कोई न कोई वहाँ जरूर आए। सभी के हाथों में भरे हुए पात्र (बर्तन) दिखाई दे रहे थे।

बादशाह अकबर और बीरबल दूर बैठे यह सब देख रहे थे और एक-दूसरे को देख मुस्करा रहे थे। सांझ ढलने से पहले कुँए में दूध डालने का काम पूरा हो गया। हर घर से दूध लाकर कुँए में डाला गया था।

जब सभी वहाँ से चले गए तो बादशाह अकबर व बीरबल ने कुँए के निकट जाकर अंदर झांका। कुआँ मुंडेर तक भरा हुआ था। लेकिन यह देख बादशाह अकबर को बेहद हैरानी हुई कि कुँए में दूध नहीं पानी भरा हुआ था। दूध का तो कहीं नामोनिशान तक न था।

हैरानी भरी निगाहों से बादशाह अकबर ने बीरबल की ओर देखते हुए पूछा, 'ऐसा क्यों हुआ? शाही फरमान तो कुँए में दूध डालने का जारी हुआ था, यह पानी कहां से आया? लोगों ने दूध क्यों नहीं डाला?'

बीरबल एक जोरदार ठहाका लगाता हुआ बोला, 'यही तो मैं सिद्ध करना चाहता था हुजूर! मैंने कहा था आपसे कि बहुत-सी ऐसी बातें होती हैं जिस पर लोग एक जैसा सोचते हैं और यह भी एक ऐसा ही मौका था। लोग कीमती दूध बर्बाद करने को तैयार न थे। वे जानते थे कि कुँए में दूध डालना व्यर्थ है। इससे उन्हें कुछ मिलने वाला नहीं था।

इसलिए यह सोचकर कि किसी को क्या पता चलेगा! सभी पानी से भरे बर्तन ले आए और कुँए में उड़ेल दिए। नतीजा...दूध के बजाय पानी से भर गया कुआँ

बीरबल की यह चतुराई देख बादशाह अकबर ने उसकी पीठ थपथपाई। बीरबल ने सिद्ध कर दिखाया था कि कभी-कभी लोग एक जैसा भी सोचते हैं।

तोता ना खाता है ना पीता है

एक बहेलिए को तोते में बड़ी ही दिलचस्पी थी। वह उन्हें पकड़ता, सिखाता और तोते के शौक़ीन लोगों को ऊंचे दामों में बेच देता था।

एक बार एक बहुत ही सुंदर तोता उसके हाथ लगा।

उसने उस तोते को अच्छी-अच्छी बातें सिखाईं, उसे तरह-तरह से बोलना सिखाया और उसे लेकर बादशाह अकबर के दरबार में पहुंच गया।

दरबार में बहेलिए ने तोते से पूछा- बताओ, यह किसका दरबार है?

तोता बोला- 'यह जहाँपनाह बादशाह अकबर का दरबार है।' सुनकर बादशाह अकबर बड़े ही खुश हुए।

वह बहेलिए से बोले, 'हमें यह तोता चाहिए, बोलो इसकी क्या कीमत मांगते हो।'

बहेलिया बोला- जहाँपनाह, सब कुछ आपका है आप जो दें वही मुझे मंजूर है।

बादशाह अकबर को जवाब पसंद आया और उन्होंने बहेलिए को अच्छी कीमत देकर उससे तोते को खरीद लिया।

बादशाह अकबर ने तोते के रहने के लिए बहुत खास इंतजाम किए। उन्होंने उस तोते को बहुत ही खास सुरक्षा के बीच रखा और रखवालों को हिदायत दी कि इस तोते को कुछ नहीं होना चाहिए।

यदि किसी ने भी मुझे इसकी मौत की खबर दी तो उसे फांसी पर लटका दिया जाएगा। अब उस तोते का बड़ा ही खयाल रखा जाने लगा। मगर विडंबना देखिए कि वह तोता कुछ ही दिनों बाद मर गया। अब उसकी सूचना महाराज को कौन दे?

रखवाले बड़े परेशान थे। तभी उनमें से एक बोला कि बीरबल हमारी मदद कर सकता है और यह कहकर उसने बीरबल को सारा वृत्तांत सुनाया तथा उससे मदद मांगी।

बीरबल ने एक क्षण कुछ सोचा और फिर रखवाले से बोला- ठीक है! तुम घर जाओ, महाराज को सूचना मैं दूंगा।

बीरबल अगले दिन दरबार में पहुंचे और बादशाह अकबर से कहा, 'हुजूर आपका तोता'

बादशाह अकबर ने पूछा- 'हां-हां क्या हुआ मेरे तोते को ?'

बीरबल ने फिर डरते-डरते कहा- 'आप का तोता जहाँपनाह'

हां-हां बोलो बीरबल क्या हुआ तोते को ?

'महाराज आपका तोता...।' बीरबल बोला।

'अरे खुदा के लिए कुछ तो कहो बीरबल मेरे तोते को क्या हुआ', बादशाह अकबर ने खीजते हुए कहा।

'जहाँपनाह, आपका तोता ना तो कुछ खाता है ना कुछ पीता है, ना कुछ बोलता है ना अपने पंख फड़फड़ाता है, ना आंखें खोलता है और ना ही' राजा ने गुस्से में कहा- 'अरे सीधे-सीधे क्यों नहीं बोलते कि वो मर गया है।'

बीरबल तपाक से बोला- 'हुजूर, मैंने मौत की खबर नहीं दी बल्कि ऐसा आपने कहा है, मेरी जान बख्शी जाए।' और महाराज निरुत्तर हो गए।

दाढ़ी पकड़ने की सजा

बादशाह अकबर एक दिन दरबार में पधारे और सिंहासन पर विराजमान होते ही उन्होंने दरबारियों से कहा, 'आज एक शख्स ने मेरी दाढ़ी खींची है। कहिए, मैं उसे क्या सजा दूं ?

यह सुनकर सभी दरबारी हैरान हुए और सोचने लगे कि किस ने ऐसी गुस्ताखी की ?

आखिर किसकी मौत आई है जो ऐसी जुर्रत कर बैठा। वे परस्पर कानाफूसी करने लगे।

थोड़ी देर के बाद एक दरबारी बोला, - 'जहाँपनाह! जिसने ऐसा दुस्साहस किया है, उसका सिर धड़ से उड़ा दिया जाए।

दूसरे दरबारी ने कहा, 'मेरी राय है जहाँपनाह कि ऐसी गुस्ताखी करने वाले को हाथी के पैरों तले कुचलवा दिया जाए।' किसी ने कहा - उस पर कोड़े बरसाए जाएं, किसी ने कहा कि - उसे जिंदा दीवार में चुनवा दिया जाए। जितने दरबारी, उतनी तरह की बातें। तरह-तरह की सजाएं सुझाई गईं।

उनकी बातें सुन कर बादशाह ऊब गए। अंत में उन्होंने बीरबल से कहा, 'बीरबल, तुम क्या कहते हो ? हमारी दाढ़ी खींचने वाले को हमें क्या सजा देनी चाहिए ?

बीरबल मंद-मंद मुस्काए और बोले- 'जहाँपनाह! आप उसे प्यार से मिठाई खिलाइए। इस अपराध की यही सजा है।'

बीरबल का उत्तर सुनकर सारे दरबारी चौंके और उस अंदाज में बीरबल का चेहरा देखने लगे, मानो वे पगला गए हों।

जबकि बीरबल के उत्तर से खुश होकर बादशाह ने कहा, 'वाह-वाह! बीरबल, तुम्हारी बात बिल्कुल सही है। लेकिन यह तो बताओ कि मेरी दाढ़ी किसने खींची होगी?'

बीरबल ने कहा,- 'जहाँपनाह! छोटे शहजादे के अलावा ऐसी हिम्मत कौन कर सकता है? उसने तो प्यार से ही ऐसा किया होगा! इसलिए उसे सजा में मिठाई खिलानी चाहिए।

बीरबल की बात सही थी। आज सुबह शहजादा बादशाह की गोद में बैठा था। खेलते-खेलते उसने बादशाह की दाढ़ी खींची थी। चतुर बीरबल के जवाब से बादशाह खुश हुए।

अन्य सभी दरबारियों, जो इतना भी नहीं सोच पाए कि बाहर का कोई शख़्स भला बादशाह की दाढ़ी कैसे खींच सकता है? सभी के सिर शर्म से झुक गए।

तीन सवाल

महाराजा अकबर, बीरबल की हाजिर जवाबी के बड़े कायल थे। उनकी इस बात से दरबार के अन्य मंत्री मन ही मन बहुत जलते थे।

उनमें से एक मंत्री, जो महामंत्री का पद पाने का लोभी था। उसने मन ही मन एक योजना बनाई। उसे मालूम था कि जब तक बीरबल दरबार में मुख्य सलाहकार के रूप में है उसकी यह इच्छा कभी पूरी नहीं हो सकती।

एक दिन दरबार में बादशाह अकबर ने बीरबल के हाजिर जवाबी की बहुत प्रशंसा की। यह सब सुनकर उस मंत्री को बहुत गुस्सा आया। उसने महाराज से कहा कि यदि बीरबल मेरे तीन सवालों का उत्तर सही-सही दे देता है तो मैं उसकी बुद्धिमता को स्वीकार कर लूंगा और यदि नहीं तो इससे यह सिद्ध होता है की वह महाराज का चापलूस है।

बादशाह अकबर को मालूम था कि बीरबल उसके सवालों का जवाब जरूर दे देगा, इसलिए उन्होंने उस मंत्री की बात स्वीकार कर ली।

उस मंत्री के तीन सवाल थे -

1.   आकाश में कितने तारे हैं?

2.   धरती का केंद्र कहां है?

3.   सारे संसार में कितने स्त्री और कितने पुरुष हैं?

बादशाह अकबर ने फौरन बीरबल से इन सवालों के जवाब देने के लिए कहा और शर्त रखी कि यदि वह इनका उत्तर नहीं जानता है तो मुख्य सलाहकार का पद छोड़ने के लिए तैयार रहे।

बीरबल ने कहा- तो सुनिए महाराज।

पहला सवाल- बीरबल ने दरबार में एक भेड़ मंगवाई और कहा, जितने बाल इस भेड़ के शरीर पर हैं आकाश में उतने ही तारे हैं। मेरे दोस्त, गिनकर तसल्ली कर लो, बीरबल ने मंत्री की तरफ मुस्कुराते हुए कहा।

दूसरा सवाल- बीरबल ने जमीन पर कुछ लकीरें खिंची और कुछ हिसाब लगाया। फिर एक लोहे की छड़ मंगवाई गई और उसे एक जगह गाड़ दिया और बीरबल ने महाराज से कहा, 'महाराज बिल्कुल इसी जगह धरती का केन्द्र है, चाहे तो आप स्वयं जांच लें।

महाराज बोले- ठीक है, अब तीसरे सवाल के बारे में कहो।

अब महाराज तीसरे सवाल का जवाब बड़ा मुश्किल है, क्योंकि इस दुनिया में कुछ लोग ऐसे हैं जो न तो स्त्री की श्रेणी में आते हैं और न ही पुरुषों की श्रेणी में। उनमें से कुछ लोग तो हमारे दरबार में भी उपस्थित हैं जैसे कि यह मंत्री जी।

महाराज यदि आप इनको मौत के घाट उतरवा दें तो मैं स्त्री-पुरुष की सही-सही संख्या बता सकता हूं।

अब मंत्री जी सवालों का जवाब छोड़कर थर-थर कांपने लगे और महाराज से बोले - 'महाराज बस-बस मुझे मेरे सवालों का जवाब मिल गया। मैं बीरबल की बुद्धिमानी को मान गया हूं।'

महाराज हमेशा की तरह बीरबल की तरफ पीठ करके हंसने लगे और इसी बीच वह मंत्री दरबार से खिसक लिया।

राज्य में कौए कितने हैं

एक दिन बादशाह अकबर अपने मंत्री बीरबल के साथ अपने महल के बाग में घूम रहे थे। बादशाह अकबर बागों में उड़ते कौओं को देखकर कुछ सोचने लगे और बीरबल से पूछा, 'क्यों बीरबल, हमारे राज्य में कितने कौए होंगे ?'

बीरबल ने कुछ देर अंगुलियों पर कुछ हिसाब लगाया और बोले, 'हुजूर, हमारे राज्य में कुल मिलाकर 95, 463 कौए हैं।'

तुम इतना विश्वास से कैसे कह सकते हो ? हुजूर, 'आप खुद गिन लीजिए, बीरबल बोले।'

बादशाह अकबर को कुछ इसी प्रकार के जवाब का अंदेशा था। उन्होंने पूछा, 'बीरबल, यदि इससे कम हुए तो ?'

तो इसका मतलब है कि कुछ कौए अपने रिश्तेदारों से मिलने दूसरे राज्यों में गए हैं और यदि ज़्यादा हुए तो ? तो इसका मतलब यह है हुजूर कि कुछ कौए अपने रिश्तेदारों से मिलने हमारे राज्य में आए हैं - बीरबल ने मुस्कुरा कर जवाब दिया। बादशाह अकबर एक बार फिर मुस्कुरा कर रह गए।

ऊंट की गर्दन

बादशाह अकबर बीरबल की हाजिर जवाबी के बड़े कायल थे। एक दिन दरबार में खुश होकर उन्होंने बीरबल को कुछ पुरस्कार देने की घोषणा की, लेकिन बहुत दिन गुजरने के बाद भी बीरबल को धन राशि (पुरस्कार) प्राप्त नहीं हुई। बीरबल बड़ी ही उलझन में थे कि महाराज को याद दिलाएं तो कैसे ?

एक दिन महाराजा अकबर यमुना नदी के किनारे शाम की सैर पर निकले। बीरबल उनके साथ था। बादशाह अकबर ने वहाँ एक ऊंट को घूमते देखा।

बादशाह अकबर ने बीरबल से पूछा- बीरबल बताओ, ऊंट की गर्दन मुड़ी क्यों होती है ?

बीरबल ने सोचा महाराज को उनका वादा याद दिलाने का यह सही समय है।

उन्होंने जवाब दिया- महाराज यह ऊंट किसी से वादा करके भूल गया है, जिसके कारण ऊंट की गर्दन मुड़ गई है।

महाराज, कहते हैं कि जो भी अपना वादा भूल जाता है तो भगवान उनकी गर्दन ऊंट की तरह मोड़ देता है। यह एक तरह की सजा है।

तभी बादशाह अकबर को ध्यान आता है कि वो भी तो बीरबल से किया अपना एक वादा भूल गए हैं। उन्होंने बीरबल से जल्दी से महल में चलने के लिए कहा और महल में पहुंचते ही सबसे पहले बीरबल को पुरस्कार की धनराशि सौंप दी और बोले मेरी गर्दन तो ऊंट की तरह नहीं मुड़ेगी बीरबल।

यह कहकर बादशाह अकबर अपनी हंसी नहीं रोक पाए और इस तरह बीरबल ने अपनी चतुराई से बिना मांगे अपना पुरस्कार राजा से प्राप्त किया।

हरा घोड़ा

एक दिन बादशाह अकबर घोड़े पर बैठकर शाही बाग में घूमने गए। उनके साथ में बीरबल भी था।

चारों ओर हरे-भरे वृक्ष और हरी-हरी घास देखकर बादशाह अकबर को बहुत आनंद आया।

उन्हें लगा कि बगीचे में सैर करने के लिए तो घोड़ा भी हरे रंग का ही होना चाहिए। उन्होंने बीरबल से कहा, 'बीरबल मुझे हरे रंग का घोड़ा चाहिए। तुम मुझे सात दिन में हरे रंग का घोड़ा ला दो। यदि तुम हरे रंग का घोड़ा न ला सके तो हमें अपनी शक्ल मत दिखाना।'

हरे रंग का घोड़ा तो होता ही नहीं है। बादशाह अकबर और बीरबल दोनों को यह मालूम था लेकिन बादशाह अकबर को तो बीरबल की परीक्षा लेनी थी।

दरअसल, इस प्रकार के अटपटे सवाल करके वे चाहते थे कि बीरबल अपनी हार स्वीकार कर लें और कहें कि जहाँपनाह मैं हार गया, मगर बीरबल भी अपने जैसे एक ही थे। बीरबल हर सवाल का ऐसा सटीक उत्तर देते थे कि बादशाह अकबर को मुंह की खानी पड़ती थी।

बीरबल हरे रंग के घोड़े की खोज के बहाने सात दिन तक इधर-उधर घूमते रहे। आठवें दिन वे दरबार में हाजिर हुए और बादशाह से बोले, 'जहाँपनाह! मुझे हरे रंग का घोड़ा मिल गया है।'

बादशाह को आश्चर्य हुआ। उन्होंने कहा, 'जल्दी बताओ, कहां है हरा घोड़ा ?

दरबार में उपस्थित होकर बीरबल ने बादशाह के सामने क्या शर्त रखी...

बीरबल ने कहा, 'जहाँपनाह! घोड़ा तो आपको मिल जाएगा। मैंने बड़ी मुश्किल से उसे खोजा है मगर उसके मालिक ने दो शर्त रखी है।

'पहली शर्त तो यह है कि घोड़ा लेने के लिए आपको स्वयं जाना होगा। 'यह तो बड़ी आसान शर्त है। दूसरी शर्त क्या है ?'

'घोड़ा खास रंग का है, इसलिए उसे लाने का दिन भी खास ही होगा। उसका मालिक कहता है कि सप्ताह के सात दिनों के अलावा किसी भी दिन आकर उसे ले जाओ'।

बादशाह अकबर बीरबल का मुंह देखते रह गए।

बीरबल ने हंसते हुए कहा, 'जहाँपनाह! हरे रंग का घोड़ा लाना हो तो उसकी शर्तें भी माननी ही पड़ेंगी।

बादशाह अकबर खिलखिला कर हंस पड़े। बीरबल की चतुराई से वह खुश हुए। समझ गए कि बीरबल को मूर्ख बनाना सरल नहीं है।

जोरू का गुलाम

बादशाह अकबर और बीरबल बातें कर रहे थे।

बात मियां-बीवी के रिश्ते पर चल निकली तो बीरबल ने कहा- 'अधिकतर मर्द जोरू के गुलाम होते हैं और अपनी बीवी से डरते हैं।'

'मैं नहीं मानता।' बादशाह ने कहा।

'हुजूर, मैं सिद्ध कर सकता हूं।' बीरबल ने कहा।

'सिद्ध करो?'

'ठीक है, आप आज ही से आदेश जारी करें कि किसी के भी अपने बीवी से डरने की बात साबित हो जाती है तो उसे एक मुर्गा दरबार में बीरबल के पास में जमा करना होगा।'

बादशाह ने आदेश जारी कर दिया।

कुछ ही दिनों में बीरबल के पास ढेरों मुर्गे जमा हो गए।

तब उसने बादशाह से कहा- 'हुजूर, अब तो इतने मुर्गे जमा हो गए हैं कि आप मुर्गी खाना खोल सकते हैं। अत: अपना आदेश वापस ले लें।'

बादशाह को न जाने क्या मजाक सूझा कि उन्होंने अपना आदेश वापस लेने से इंकार कर दिया।

खीझकर बीरबल लौट गया।

अगले दिन बीरबल दरबार में आया तो बादशाह अकबर से बोला- हुजूर, विश्वसनीय सूत्रों से पता चला है कि पड़ोसी राजा की पुत्री बेहद खूबसूरत है, आप कहें तो आपके विवाह का प्रस्ताव भेजूं?'

'यह क्या कह रहे हो तुम, कुछ तो सोचो, जनाना खाने में पहले ही दो हैं, अगर उन्होंने सुन लिया तो मेरी खैर नहीं।' बादशाह ने कहा।

'हुजूर, दो मुर्गे आप भी दे दें।' बीरबल ने कहा।

बीरबल की बात सुनकर बादशाह झेंप गए। उन्होंने तुरंत अपना आदेश वापस ले लिया।

मुग़ल वंश के महान सम्राट अकबर ने अपने शासनकाल में मुग़ल साम्राज्य का काफ़ी विस्तार किया था, उन्होंने अपना साम्राज्य भारत उपमहाद्वीप के ज़्यादातर हिस्सों में फैला लिया था। महान सम्राट अकबर का साम्राज्य उत्तर में हिमालय तक, पूर्व में ब्रहम नदी तक, उत्तर-पश्चिम में हिन्दुकुश तक एवं दक्षिण में विंध्य तक फैला हुआ था।

इस प्रकार अकबर ने उत्तर-भारत में विजय प्राप्त करते हुए विशाल साम्राज्य का निर्माण किया और उत्तर-पश्चिम सीमांत को जीतकर साम्राज्य को निष्कण्टक बनाया। अब अकबर का राज्य पश्चिम में काबुल कन्धार से पूर्व में बंगाल तक और उत्तर में कश्मीर से दक्षिण में मालवा अथवा विंध्याचल पर्वत तक विस्तृत हो गया था।

इस समय दक्षिण भारत में खानदेश, अहमदनगर, बीजापुर और गोलकुंडा प्रमुख राज्य थे, सबको उसने अपने अधीन कर लिया था। अकबर ने दक्षिणी राज्यों को अपनी सत्ता स्वीकार करने के लिए कहा।

इस प्रकार, अकबर भारत पर विजय प्राप्त करने की अपनी महत्वाकांक्षा को बहुत हद तक पूरा करने में सफल रहा और अपने उत्तराधिकारियों द्वारा भारत के शेष भाग पर विजय प्राप्त करने का मार्ग प्रशस्त किया।

फतेहपुर सीकरी की स्थापना का श्रेय अकबर को ही जाता है। अकबर ने चित्तौड़गढ़ और रणथंभौर पर अपनी जीत का जश्न मनाने के लिए आगरा के पश्चिम में नई राजधानी फतेहपुर सीकरी की स्थापना की।

मुस्लिम शासक होते हुए भी अकबर ने हिन्दुओं के हित के लिए कई काम किए और हिन्दुओं की तीर्थयात्रा के लिए दिए जाने वाले टैक्स को पूरी तरह खत्म किया और हिन्दू-मुस्लिम एकता पर बल दिया एवं शांतिपूर्ण माहौल स्थापित किया।

15 अक्टूबर सन् 1542 ई. में अमरकोट में जन्मा जलालुद्दीन मुहम्मद अकबर महज 9 साल की उम्र में गजनी का सूबेदार नियुक्त किया गया था।

13 साल की उम्र में मुग़ल सिंहासन पर बैठ गए थे।

सन् 1555 ईसवी में हुमायूं ने अकबर को अपना युवराज घोषित किया था।

सन् 1556 ईसवी में अकबर के संरक्षक बैरम खां ने उनका राज्याभिषेक करवाया था।

मुग़ल सम्राट अकबर ने **सन् 1556 ई.** में अपनी जीवन की सबसे बड़ी लड़ाई लड़ी। उन्होंने यह लड़ाई हेमू के खिलाफ लड़ी थी और हेमू और सुर सेना का बहादुरी से मुकाबला कर उन्हें परास्त किया था।

अकबर ने फतेहपुर सीकरी के साथ बुलंद दरवाजा का भी निर्माण करवाया था।

सबसे अलग मुग़ल सम्राट के रूप में अपनी पहचान विकसित करने वाले अकबर को अकबर महान, अकबर-ए-आजम, महाबली शहंशाह के नाम से जाना जाता है।

अकबर ने **सन् 1582 ईसवी** में दीन-ए-इलाही नामक धर्म की स्थापना की।

सन् 1576 ईसवी में महाराणा प्रताप और अकबर के बीच हल्दीघाटी का घमासान युद्ध हुआ। इस युद्ध में अकबर ने विजय प्राप्त की।

अकबर के शासनकाल को हिन्दी साहित्य का स्वर्णकाल माना जाता है।

अबुल फ़ज़ल ने अकबरनामा ग्रंथ की रचना की थी।

अकबर अशिक्षित था लेकिन उसे लगभग हर विषय में असाधारण ज्ञान था, साथ ही वह अपनी स्मरण शक्ति के लिए जाना जाता था। वह एक बार जो सुन लेता था, उसके दिमाग में छप जाता था।

मुस्लिम शासक होते हुए भी मुग़ल शासक अकबर ने उसने हिन्दुओं के हित में कई काम किए। हिन्दू तीर्थयात्रियों द्वारा दिए जाने वाले जज़िया कर और यात्री कर को माफ़ किया।

सन् 1556 से सन् 1605 ई. तक मुग़ल सिंहासन पर राज करने वाले अकबर की मृत्यु अतिसार रोग के कारण हो गई थी।

जलाल उद्दीन मुहम्मद अकबर अपनी प्रजा के लिए किसी भगवान से कम नहीं थे। उनकी प्रजा उनसे बहुत प्यार करती थी और वे भी सदैव अपनी प्रजा को हो रही तकलीफों से वाकिफ होकर उन्हें जल्द से जल्द दूर करने का प्रयास करते।

इतिहास में शहंशाह जलाल उद्दीन मुहम्मद अकबर को एक बहादुर, बुद्धिमान और शक्तिशाली शहंशाह माना जाता है।

अकबर के दरबार की सबसे विशेष बात थी। उसके दरबार में एक से बढ़कर एक कलाकार, विद्वान्, साहित्यिक थे। वे सभी अपने अपने काम में निपुण थे। अकबर के दरबार में कुछ ऐसे ही 9 लोग थे जिन्हें "अकबर के नवरत्न" कहा जाता था।

अकबर के नवरत्न में बीरबल, अबुल फ़ज़ल, टोडरमल, तानसेन, मानसिंह, अब्दुर्रहीम ख़ानख़ाना, मुल्ला दो प्याज़ा, फ़क़ीर अज़ियोद्दीन, फ़ैजी इनका समावेश हैं जो अपने अपने काम में प्रसिद्ध थे।

वो सभी जब एक साथ दरबार में जमा होते थे तो वह नजारा काफ़ी देखने लायक बन जाता था। उन सबको अकबर के नवरत्न नाम दिया गया था। इसी लिए इतिहास में उन्हें अकबर के सबसे अहम नवरत्न माना जाता है।

किसी भी राजा के दरबार में इस तरह के नवरत्न देखने को नहीं मिलते। वे केवल महान शासक अकबर के दरबार में ही थे।

23

अकबर के समय में हिन्दू एवं मुस्लिमों के राजघरानो के बीच विवाह के कुछ उदाहरण अकबर की जीवनी से उपलब्ध होते है। जिसमें अकबर की संपूर्ण वंशावली का वर्णन यहाँ आपकी जानकारी हेतु निम्नलिखित तौर पर दिया जा रहा है।

अकबर के पांच पुत्र थे जिनके नाम क्रमशः इस प्रकार है- जहाँगीर, मुराद मिर्ज़ा, दानियाल मिर्ज़ा, हुसैन एवं हसन। इसके अलावा अकबर को पाँच पुत्रियां भी थी जिनके नाम इस प्रकार से - आराम बानो बेगम, शाकूनिस्सा बेगम, खानम सुल्तान बेगम, मेहरुनिस्सा और माही बेगम थे।

अकबर के पुत्र

जहाँगीर

जहाँगीर जो कि अकबर के उपरांत मुग़ल बादशाह बना था, उसका जन्म अकबर की पत्नी जोधाबाई से हुआ था। जोधाबाई राजपूत राजा भारमल जी की पुत्री थी जिसे मुग़ल साम्राज्य की प्रमुख रानी का पद एवं सम्मान दिया गया था।

सलीम बादशाह अकबर के सबसे बड़े पुत्र थे। जो जहाँगीर के नाम से इतिहास में प्रसिद्ध है। सलीम जब मुग़ल शासन के चौथे बादशाह बने तब उनको जहाँगीर नाम दिया गया और जहाँगीर नाम से ही इन्हें इतिहास में जाना जाता है। मिर्ज़ा नूरुद्दीन बैग मुहम्मद खान सलीम उसका पूरा नाम था।

सलीम बादशाह अकबर के सबसे प्यारे एवं चहेते पुत्र थे। इनका जन्म **31 अगस्त, सन्** **1569 ई.** में हुआ था। सलीम मरिअम-उज़-ज़मानी के बेटे थे। सलीम हर वक़्त अकबर के मन के विरुध्द निर्णय लेने की वजह से चर्चा में रहता था। कहते हैं कि जहाँगीर न तो महत्वाकांक्षी था और न ही उसमें कोई ख़ास जीवट था।

जब रानी गर्भवती हुई तो अकबर ने उन्हें फतेहपुर सीकरी के शेख़ सलीम चिश्ती के दरबार में रहने के लिए भिजवा दिया। अकबर की ख्वाहिश थी कि तैमूर का वंशज चिश्ती के साए में ही दुनिया में आये।

बताते हैं कि शेख़ सलीम चिश्ती ने अकबर को तीन बेटे होने का वरदान दिया था। इस पर अकबर ने कहा कि वे पहला बेटा शेख़ की सरपरस्ती में देंगे। लिहाज़ा जहाँगीर के शुरुआती नाम 'शेखू' और 'सलीम' चिश्ती के ही नामों पर धरे गए थे।

सलीम के पैदा होने का क़िस्सा मुग़ल इतिहास में बड़े चाव से लिखा जाता है। सलीम बादशाह अकबर और आमेर के राजा भारमल की बेटी की संतान था। कोई उसका नाम जोधा बोलता है तो कोई हीरकंवर। कुछ लोग उसे आमेर का न होकर जोधपुर का बताते हैं।

इससे याद आता है कि कुछ साल पहले 'जोधा अकबर' फ़िल्म में जोधा को अकबर की पत्नी बताने पर विवाद हुआ था। सोचना दिलचस्प है कि जहाँगीर, शाहजहाँ और औरंगज़ेब की रगों में राजपूती ख़ून भी था।

उस दौर के भौगौलिक, सांस्कृतिक और राजनैतिक हिंदुस्तान में राजपूत और मुग़ल दोनों ही बराबर के हिस्सेदार रहे हैं और उस समय गौरवशाली मुग़ल काल चल रहा था।

बेगम मानसिंह सलीम बादशाह जहाँगीर की प्रथम पत्नी थी। उसके पश्चात उनकी अन्य बेगमें भी रही थीं जिनका नाम शाह बेगम, बेगम सलीमा बानो था। राजकुमार सलीम की अनारकली के साथ प्रेम की कहानी आज भी प्रसिद्ध है तथा इस पर फिल्में भी बनी हैं।

सल्तनत-ए-हिंदुस्तान में अकबर के इंतकाल का मातम सात दिन चला। आठवें दिन यानी **24 अक्टूबर, सन् 1605 ई.**को आगरा दरबार में सलीम के नाम की नौबत बज उठी। इन्हीं दिनों के आसपास तुर्की में भी सलीम नाम का शासक था।

'सलीम' नाम को लेकर दुनिया और इतिहास में पशोपेश न हो इसलिए मुग़ल सलीम ने ख़ुद को 'जहाँगीर' होने का ऐलान करवा दिया। 'जहाँगीर' नाम का मतलब होता है- दुनिया को जीतने वाला।

चर्चित पत्रकार शाज़ी ज़मां अपनी किताब 'अकबर' में लिखते हैं कि सलीम को हिंदुस्तान के पीरों और फ़कीरों ने कभी बताया था कि बादशाह अकबर के गुज़र जाने के बाद नूरुद्दीन नाम का शख़्स सुल्तान बनेगा इसीलिए सलीम ने अपना नाम नूरुद्दीन जहाँगीर बादशाह रख लिया।

सन् 1605 ई.में जहाँगीर को मुग़ल शासन का बादशाह बनाया गया था। सलीम कुल 22 वर्ष तक मुग़ल शासन के बादशाह रहे। उसके जीवन के अंतिम कुछ वर्षों में शासन की बागडोर नूरजहां के हाथों में आ गई थी लेकिन उनकी शराब पीने की लत ने उनके प्राण ले लिए थे। उनकी मौत **सन् 1827 ई.**में अत्यधिक शराब पीने के कारण हुई थी।

जो भी है, सलीम के खाते में ऐसी कोई अहम लड़ाई या ऐसा कोई अहम वाक़या दर्ज नहीं है जो कि उसके नाम की गवाही देती हो। ताज्जुब की बात है कि जिसकी रगों में तैमूरी, चंगेज़ी और राजपूती ख़ून दौड़ रहा हो, जो बाबर और अकबर का वंशज हो, वह सिर्फ नाम का 'जहाँगीर' था।

जहाँगीर जिस तख़्त पर बैठा, वह बाबर, हुमायूं और अकबर के जीवन भर की लड़ाइयों का नतीजा था। मेवाड़ और दक्खन के कुछ इलाकों के अलावा अकबर ने पूरे हिंदुस्तान को एक धागे में पिरो दिया था। जहाँगीर ने मेवाड़ को इसमें मिलाया पर इसका भी सूत्रधार शाहजहाँ था।

शहजादा मुराद मिर्ज़ा

मुराद मिर्ज़ा का जन्म अकबर की उप-पत्नी से हुआ था, मुराद मिर्ज़ा बादशाह अकबर के दूसरे बेटे थे। इनकी मृत्यु जीवन के अत्यंत कम आयु में यानि कि 30 वे साल में हो गई थी। 30 साल की अल्प आयु में उनका देहांत हो जाने के कारण इतिहास में उनसे संबंधित ज़्यादा जानकारी प्राप्त नहीं होती है।

मुराद मिर्ज़ा का जन्म **7 जून, सन् 1570 ई.** को हुआ था। वे युद्ध कला में अत्यंत निपुण थे, जिस वजह से इन्हें मात्र सात साल की अवस्था में ही सैन्य रैंक मिल गई थी। **सन् 1593 ई.**में मुराद मिर्ज़ा दक्खन के सैन्य प्रधान नियुक्त किए गए थे।

अकबर ने अपने पुत्रो के बीच कभी भी भेद नहीं किया इसलिए मुराद और जहाँगीर का जन्मदिन एक जैसे शाही अंदाज में मनाया जाता था। मुराद मिर्ज़ा का विवाह हबीबा बानो बेगम के साथ हुआ था। इन्हें शराब की लत लग गई थी।

ये बहुत ज़्यादा शराब पीने लगे थे, जिसकी वजह से वह न तो अपने काम में ध्यान लगा पाते थे और न ही अपने परिवार में ध्यान लगा पाते थे। इसी शराब की लत की वजह से मुराद मिर्ज़ा को सभी लोग बुरा भला बोल देते थे।

मुराद मिर्ज़ा शराब की लत में इतना डूब गया कि इसे कभी छोड़ नहीं पाया। शराब ने छोटी उम्र में ही उनकी जान ले ली। लाहौर के किले में **12 मई, सन् 1599 ई.**में इन्होंने अपनी आखिरी सांस ली।

शहजादा दानियाल

दानियाल बादशाह अकबर के सबसे छोटे बेटे थे, जिसकी माता को अकबर ने गर्भवती अवस्था में सूफी संत दानियाल के यहाँ सुरक्षा हेतु छोड़ा था। उस समय अकबर गुजरात की मुहीम में व्यस्त था, दानियाल का जन्म सूफी संत के घर पर हुआ था।

दानियाल का जन्म **11 सितंबर, सन् 1572 ई.**को राजस्थान के अजमेर में हुआ था। जन्म के बाद एक माह की आयु से छह माह तक शहजादा दानियाल को राजपूत राजा भारमल जी की पत्नी के पास लालन पालन हेतु रखा गया। छह माह की आयु में शहजादा दानियाल को अकबर ने आगरा लाया, जहाँ वह बड़ा हुआ।

शहजादा दानियाल की कला में बहुत अधिक रुचि थी। वह एक अच्छे कवि भी थे तथा वह हिंदी और फारसी में लिखते थे। इनकी कुल सात बेगमें थी जिनमें जनन और सुल्तान बेगम प्रमुख थी।

दानियाल तीन वर्षो तक **21 अप्रैल, सन् 1601 ई.से लेकर सन् 1604 ई.** तक दक्खन के सूबेदार रहे थे। इस जिम्मेदारी को उन्होंने बहुत अच्छे से निभाया। उनकी मौत का कारण इतिहास में स्पष्ट रूप से नहीं मिलता है। मिली हुई जानकारी के अनुसार **19 मार्च सन् 1605 ई.** में इनकी मृत्यु हुई थी।

हुसैन एवं हसन

हुसैन और हसन दोनों सम्राट अकबर और रानी जोधाबाई के पुत्र थे। ये जुड़वाँ बच्चे पैदा हुए थे, जिनकी अल्पायु में ही मृत्यु हो गई थी। कुछ इतिहासकारों का कहना है कि हुसैन एवं हसन की मृत्यु किसी साजिश के तहत हुई थी परन्तु इसका कोई प्रामाणिक आधार नहीं मिलता हैं।

<h2 style="text-align:center">अकबर की पुत्रियां</h2>

शहजादी शाकूनिस्सा बेगम

अकबर की इस पुत्री शाक्निस्सा बेगम का जन्म **सन् 1571 ई.** में हुआ था। इनका जन्म-स्थान फतेहपुर सिकरी था। शाकूनिस्सा बेगम की माँ का नाम बीबी दौलत शाद था। सम्राट अकबर की इस बेटी शाकूनिस्सा बेगम को सम्राट अकबर की ही माँ मरियम मखनी हमीदा बानो ने पाला था। वह जहाँगीर उर्फ सलीम की सबसे प्यारी बहन थी और उसने 'अपनी माँ के लिए एक बच्चे के रूप में' उसके लिए अपने प्यार का ज़िक्र किया था।

शहजादी आराम बानो बेगम

अकबर की यह पुत्री शहजादी आराम बानो बेगम, शाकूनिस्सा की सगी बहन थी। जिसका जन्म भी बीबी दौलत बेगम की कोख से हुआ था। यह अकबर और बीबी दौलत शाद की सबसे छोटी बेटी थी। बीबी दौलत शाद अकबर की खास बेगमों में से एक थीं। हालांकि यह स्पष्ट नहीं है कि बीबी दौलत शाद अकबर की कौन-से नंबर की बेगम थी।

अकबर की न सिर्फ बेगमें मशहूर थीं बल्कि कुछ बेटियां भी ऐसी थीं, जिनके नाम इतिहास के पन्नों में दर्ज हैं। उन्हीं में से अकबर की बेटी सबसे लाडली बेटी आराम बानो बेगम का नाम भी आता है। सम्राट अकबर की बेटी आराम बानो बेगम न सिर्फ अकबर की सबसे पसंदीदा बेटी थी।

आराम बानो बेगम अपनी माँ यानि बीबी दौलत शाद की तरह एक खूबसूरत महिला थीं, जिन्हें एक बार देखने के बाद लोग उनकी ओर आकर्षित हुआ करते थे। आराम बानो बेगम एक मुग़ल राजकुमारी थीं, जिनका जन्म **22 दिसंबर, सन् 1584 ई.**को हुआ था।

इतिहास के अनुसार आराम बानो बेगम को उनके पिता यानी अकबर प्यार से लाडली बेगम बुलाया करते थे। जब भी अकबर कहीं बाहर से आते थे, अपनी बेटी को 'कहां है मेरी लाडली बेगम' अल्फाज से पुकारते थे। ऐसा इसलिए क्योंकि अकबर बीबी दौलत शाद से भी बहुत प्यार करते थे और उन्हें अपनी बेटी में उनकी झलक नजर आती थी।

आराम बानो बेगम को हरम की तितली भी कहा जाता था क्योंकि यह न सिर्फ खूबसूरत थीं बल्कि अपने पिता के खिलाफ जाने का भी साहस रखती थीं। इसका स्वभाव तेज तर्रार और बातूनी के नाम से मशहूर था। वह किसी भी गलत बात या काम को बर्दाश्त नहीं करती थीं और उसके खिलाफ आवाज उठाती थीं। इसलिए लोग उन्हें हरम की तितली ने नाम से भी बुलाया करते थे।

मुग़ल शासन में बादशाहों के अलावा आराम बानो ने नीति-निर्माण में एक अहम भूमिका अदा की है। कहा जाता है कि आराम बानो बेगम ने कभी भी निकाह नहीं किया। उन्होंने अपना जीवन मुग़ल परिवार के साथ गुजारा।

अकबर की मृत्यु के बाद जहाँगीर ने उन्हें संभाला और उनका पालन-पोषण किया। हालांकि उनके निकाह न करने की स्पष्ट वजह सामने नहीं आई है। लेकिन यह उल्लेख मिलता है कि अकबर नहीं चाहता था कि उनकी बेटी उनसे दूर जाए।

इतिहासकारों के अनुसार अराम बानो की वफात उसके भाई जहाँगीर के शासनकाल में हुई थी। **17 जून सन् 1624 ई.**को पेचिश से उनकी मृत्यु हो गई।

खानम सुल्तान बेगम

खानम सुलतान बेगम अकबर की सबसे बड़ी पुत्री थी, जिसे अन्य नाम शहजादा खानम से भी जाना जाता था। इसकी माता का नाम बीबी सलीमा था। खानम सुलतान बेगम की माता बीबी सलीमा अकबर की उपपत्नियो में से एक थी। खानम सुल्तान का विवाह उम्र के पच्चीसवें साल में मुजफ्फर हुसैन सफावी से हुआ था।

मेहरुनिस्सा और माही बेगम

इसके अलावा मेहरुनिस्सा और माही बेगम ये अकबर की दो पुत्रियां थी, इस तरह अकबर के वंशावली का वर्णन 'अकबरनामा' और 'आइन-ए-अकबरी' इत्यादि ऐतिहासिक दस्तावेजों से उपलब्ध होता है। जिसमें अकबर के कुछ उपपत्नियों के नाम और उनकी संतानों के बारे में जानकारी दी गई है।

अकबर का मूल्यांकन

अकबर के बारे में वृहद रूप से जानकारी इकट्ठा करने पर यह पता चलता है कि उसका व्यक्तित्व बहुआयामी था। वह एक तरफ न्यायपालक, उदार, सर्वधर्म समभाव और मित्रवत होने का दिखावा करता था तो दूसरी तरफ अकबर क्रूर, हत्यारा, कामांध व्यक्ति भी था जो यह जानता था कि भारत में लम्बे समय तक राज करने के लिए यहाँ के मूल निवासियों को उचित एवं बराबरी का स्थान देना बहुत जरूरी है।

शायद यही कारण रहा होगा कि जब अकबर की मृत्यु **27 अक्टूबर, सन् 1605 ई.**को फतेहपुर सीकरी, आगरा में हुई तो उनकी अंत्येष्टि बिना किसी संस्कार के जल्दी ही कर दी गई ।

परम्परानुसार दुर्ग में दीवार तोड़कर एक मार्ग बनवाया गया तथा अकबर का शव चुपचाप सिकंदरा के मकबरे में दफना दिया गया।

भारतीय इतिहास में अकबर को मुग़ल साम्राज्य का सबसे महान सम्राट माना जाता है। अगर कीर्ति और लोकप्रियता की दृष्टि से देखें तो भारत की राजनीतिक इतिहास में केवल एक सम्राट ऐसा हुआ है, जिसकी तुलना अकबर से की जा सकती है और वह था मौर्य वंश का महान शासक सम्राट अशोक।

अपने मुग़ल साम्राज्य को एकाकार रूप देने के लिए अकबर ने जो भी प्रान्त जीते थे उनके साथ में या तो संधि की या फिर शादी करके उनसे रिश्तेदारी की।

अकबर के राज्य में विभिन्न धर्म और संस्कृति के लोग रहते थे और वह अपने प्रान्त में शांति बनाये रखने के लिए कुछ ऐसी योजना अपनाते थे जिसके कारण उनके राज्य के सभी लोग काफ़ी खुश रहते थे।

24

अकबर का अगला सैन्य अभियान बंगाल और गुजरात था। **सन् 1572 ई.**में उसने गुजरात की राजधानी अहमदाबाद पर अपना क़ब्ज़ा कर लिया था। गुजरात पर अपना क़ब्ज़ा करने के बाद फतेहपुर सीकरी लौटकर उसने अपनी जीत के उपलक्ष्य में बुलंद दरवाजा बनाया।

सन् 1593 ई. में अकबर ने दक्खन के सुल्तानों के खिलाफ सैन्य अभियान चलाया। अकबर ने बुरहानपुर के असीरगढ़ किले पर कब्ज़ा कर लिया। **सन् 1605 ई.** में उसकी मौत से पहले उसने बंगाल की खाड़ी तक अपना साम्राज्य फैला दिया था।

3 अक्टूबर, सन् 1605 ई.को अकबर पेचिश (आंतों में एक संक्रमण जो खूनी दस्त का कारण बनता है) के कारण बीमार हो गये थे और उससे वह कभी अच्छे नहीं हो पाए। ऐसा माना जाता है कि तीन सप्ताह तक बीमार रहने के बाद अकबर की मृत्यु 27 **अक्टूबर, सन् 1605** ई. को पेचिश के कारण ही हुई। मृत्यु के समय उनकी उम्र 63 साल थी।

ऐसे महान सम्राट की मृत्यु पर शीघ्र ही उनका अंतिम संस्कार बिना किसी संस्कार के कर दिया गया। परंपरा के अनुसार किले में दीवार तोड़कर एक मार्ग बनाया गया था और उसके शरीर को चुपचाप सिकंदरा के मकबरे में दफना दिया गया था, जो उनकी पसंदीदा और सबसे समर्पित पत्नी मरियम-उज़-ज़मानी की कब्र के बगल में एक किलोमीटर की दूरी पर स्थित है।

अकबर ने अपने सैन्य, राजनीतिक, सांस्कृतिक और आर्थिक प्रभुत्व के बल पर पूरे देश में अपनी शक्ति और अपने प्रभाव को बढ़ाया। उन्होंने अपने अच्छे प्रशासन के लिए एक केंद्रीकृत प्रणाली की स्थापना की। विवाह-गठबंधन और कूटनीति जैसी नीतियों को स्वीकार किया।

अपनी धार्मिक नीतियों के कारण उन्होंने अपने गैर-मुस्लिम लोगों का दिल जीता और उनका उनको पूरा समर्थन मिला। उन्होंने पूरे देश को एकता के एक सूत्र में बांधा। मुग़लों की ताकतवर फ़ौज, राजनयिक, सांस्कृतिक, आर्थिक वर्चस्व के कारण ही अकबर ने पूरे देश में कब्ज़ा कर लिया था।

भारत के प्रसिद्ध शासकों में मुग़ल सम्राट अकबर अग्रणीय है। वह एकमात्र ऐसे मुग़ल शासक सम्राट थे, जिन्होंने हिंदू बहुसंख्यकों के प्रति कुछ उदारता का परिचय दिया। वह ऐसे पहले मुग़ल राजा थे जिन्होंने मुस्लिम धर्म को छोड़कर अन्य धर्म के लोगों को बड़े पदों पर बिठाया था और साथ ही उन पर लगाया गया सांप्रदायिक कर भी ख़तम कर दिया था।

अकबर ने जो लोग मुस्लिम नहीं थे उनसे कर वसूल करना भी छोड़ दिया और वे ऐसा करने वाले पहले सम्राट थे। साथ ही जो मुस्लिम नहीं है उनका भरोसा जीतने वाले वे पहले सम्राट थे। विभिन्न धर्मों को एक साथ रखने की शुरुआत अकबर के समय ही हुई थी।

भारत के इतिहास में अकबर के शासन काल को काफ़ी महत्त्व दिया गया है। अकबर को भारत के उदार शासकों में गिना जाता है। संपूर्ण मध्यकालीन इतिहास में वह एकमात्र ऐसे मुस्लिम शासक हुए हैं, जिन्होंने हिन्दू-मुस्लिम एकता के महत्त्व को समझ कर एक अखण्ड भारत के निर्माण का प्रयास किया।

अकबर ने सम्पूर्ण दिल्ली सल्तनत पर शासन किया और वह पूरे भारतवर्ष पर क़ब्ज़ा करने की इच्छा रखने वाले बहादुर शासक थे। उन्होंने अपनी बहादुरी के दम पर पूरे भारतवर्ष पर राज किया और उनकी इसी बहादुरी और महानता के चलते उन्हें 'अकबर महान' व 'जहाँपनाह' जैसी कई उपाधियों से नवाजा गया।

पढ़ने के लिए धन्यवाद!